Maren Meisel

Aus dem Fenster geschaut

Aus dem Fenster geschaut

Maren Meisel

Steinmann

Für Hannah,
die irgendwann Freude an meinen
Fensterblicken haben wird

Erste Auflage

ISBN 978-3-927043-71-8
Covergestaltung: Elsa von Rahden, Fischerhude
Titelfoto: privat – Foto Rückseite: Kay-Christian Heine
Herstellung: BoD - Books on Demand, Norderstedt

www.steinmannverlag.de

INHALTSVERZEICHNIS

VORWORT

Fenster sind die Augen eines Hauses, die Verbindungen nach draußen. Sie lassen frische Luft herein. Ohne Fenster fühle ich mich eingesperrt, mir fehlt dann der Kontakt zum öffentlichen Leben. Auch in Bussen und Zügen sitze ich am liebsten am Fenster, schaffe den Bezug nach Außerhalb. Ich bin dann aufgeschlossen, öffne mich für Eindrücke, manchmal extrem neugierig. Ich lasse meine Beobachtungen in Beziehung treten mit Erlebtem oder Ersponnenem. Seit Jahren pendeln wir zwischen Hamburg und Hitzacker, machen die knapp zweistündigen Fahrten gern. Mit unserem Umzug aus dem Haus in Hamburg in eine Wohnung mitten in einer Einkaufsmeile in Niendorf kam ich auf die Idee, meine Beobachtungen fest zu halten. Sowohl in Hamburg als auch in Hitzacker habe ich vorzügliche Fensterplätze. Hamburg und Hitzacker sind zwar mit der Elbe verbunden, unterscheiden sich aber grundsätzlich. Hamburg ist hektisch, trubelig, großzügig, auch manchmal vermüllt und stinkig, eben eine Millionenstadt. Hitzacker ist eher beschaulich, übersichtlich, manchmal kleinkariert, aber auch liebenswert.

Fensterplätze sind so wichtig zum Ankommen, Durchatmen, Reflektieren. Die trubeligen Ereignisse am Abend zuvor, familiäre Erlebnisse, Konzerte während der Musikwoche oder der Sommerlichen Musiktage, die Chorproben gehen durch den Kopf, kommen an in der Rückbesinnung. Wenn der Blick hinaus schweift, kehrt Ruhe ein und damit wird Platz geschaffen für die Planung des kommenden Tages und darüber hinaus für neue Perspektiven. So wird das Erlebte verwoben mit den Beobachtungen draußen.

Ich schreibe, um anzukommen, mich zurechtzufinden in den wechselnden Zuhausen. Irgendwann müssen wir unseren Standpunkt bestimmen, denn auf Dauer gesehen, wäre es klug, sich für einen Wohnort zu entscheiden. Wie heißt es auf unserem Giebelbalken im Fachwerkhaus ?

Wer seinen Hafen nicht kennt, dem weht kein Wind günstig.

Ich schreibe gegen mein Vergessen – lasse den Leser an meinen Beobachtungen teilhaben. So füge ich die wechselnden Fensterblicke aneinander.

Ich werde jetzt wahrscheinlich gefragt, ob ich denn immer am Fenster sitze? Natürlich nicht! Das Leben wäre sehr einseitig, bietet der Fensterblick doch nur ein beschränktes Erleben. Nach wie vor ist für mich das Tun, die Aktion wichtiger als meine Beobachtungen. Ich bin dankbar dafür, jederzeit meine Fensterplätze verlassen zu können und damit mein Geschehen aktiv in die Hand zu nehmen.

Maren Meisel

ERSTER BLICK *(Hitzacker)*

Die Häkelgardine an meinem Fensterplatz in der Küche lässt mir den Blick frei auf den Weg am Haus. Er macht eine 90 Grad-Wende zur Hauptstraße des Ortes. Kleine Klinkerhäuser, einige mit Fachwerk, stehen in lockerer Reihenfolge auf überschaubar großen Grundstücken. Schlichte Holzzäune, an denen Ranken, Unkraut und Hecken Halt finden, umgrenzen die Grundstücke. Eigentlich ist unsere Straße eine Spielstraße, es ist also fünf Kilometer Geschwindigkeit vorgeschrieben. Aber jetzt beginnen meine Wahrnehmungen. Lieferanten mit den großen Lastern, die die Seniorenresidenz anfahren, Betreuer kurz vor Dienstbeginn oder Besucher, haben es bannig eilig. Schneller als die Polizei erlaubt, nehmen sie die scharfe Kurve um den Felsstein herum, der den Garten gegenüber abgrenzt. Die wenigsten Fahrer setzen den Blinker, wohl in der Meinung: Wozu etwas anzeigen, wenn keiner guckt? Sie haben nicht mit mir gerechnet! Ich sehe das! Dann rutscht mir mein Kommentar schon mal raus:

„Na, schon wieder zu spät aufgestanden? In Eile? Kannst du nicht blinken oder hat dein Auto keinen Blinker? Was ist das denn? Das war knapp!“ Aber das merken die nicht. Ich sitze hinter meiner Gardine.

Schade, die flippigen Kinder von der Ecke wohnen nicht mehr hier. Sie brachten Leben in die Seniorengasse. Im Sommer hatten sie keine Schuhe an, die dreckigen Füße traten am liebsten die Pedalen der kleinen Fahrräder, denn der heiße Asphalt brannte zu stark. Sie leisteten sich wilde Verfolgungsfahrten den Berg herauf, schrammten beinah den Rollstuhl des alten Mannes. Manchmal musste ich schon mal aus der Tür treten, ihnen sagen, dass das meine Blumenkübel sind, die sie mit dem dicken Stock zerschlagen.

Den Senioren begegne ich nachbarschaftlich. Wir halten einen kleinen Plausch über das Wetter oder andere belanglose Dinge. Sie fragen schon mal, wo wir herkommen und berichten von ihrem vorherigen Leben. Besonders mit einer Dame halte ich einen kleinen Klönschnack, wenn wir uns begegnen. Meistens muss ich tröstende Worte für das Leben im Alter finden. Nicht alle Herrschaften sind gern in ihrer neuen Umgebung. Neuzugänge registriere ich schnell, besonders wenn sie fein gemacht, einige mit ihren Rollatoren, die Einfahrt herunter schieben.

Nicht alle finden den Weg zurück, leisten sich eine Selbstständigkeit, die fatal endet. „Frau B., wo woll'n sie denn hin?" Ja, wenn sie das man wüsste. Eigentlich nichts wie weg, und Hauptsache die Beine sind in Bewegung. Dann kann es schon vorkommen, dass Beschriebene in der einen Hand ihre Socken, in der anderen Hand einen Schlüpfer dabei hat. „Frau B., wo wollen sie denn hin? Kommen sie mal mit, sie werden ja ganz kalt."

Einige Male, wenn ich die Frau bemerke, zieh ich rasch Schuhe an, nehme meinen Hund mit und bring sie zum Eingang. Inzwischen höre ich fast täglich: Frau B., wo wollen sie hin? Personalmangel?

BEWOHNER IN SENIORENRESIDENZ *(Hitzacker)*

Zwei Frauen waren sich einig: „Wir wollen weg. Nehmen sie uns mit? Nehmen sie uns doch mal mit“, wurden wir gefragt, als wir die Autoklappe öffneten.

Tags drauf lief die eine allein los, ohne Handtasche, mit dünnen Schühchen. Sie kam wieder mit einem grünen Blumenübertopf aus Metall, den ich in dem kleinen Kaufhaus gesehen hatte. Am nächsten Tag war sie wieder auf Achse und kehrte mit einem Stoffstorch zurück. Ein paar Stunden später fuhr die Blaue Minna vor. Was die wohl wollte?

Abends nach 18 Uhr entdecke ich die beiden Damen im Nachthemd. Sie hatten sich wohl zur Abendwanderung verabredet. Auch sie wurden liebevoll eingesammelt. Die beschriebenen Damen sind die momentanen Neuzugänge. Am nächsten Nachmittag sehe ich zwei Betreuer mit vier Senioren die Straße herunter kommen. Sie machen einen kleinen Spaziergang in die Altstadt. Allein können sich diese Bewohner nicht zurechtfinden und haken sich gern bei den Begleitern ein. Einfach mal rauskommen aus dem großen Gebäude, frische Luft schnappen und in die Gänge kommen ist die Devise. Aber bald sind sie schon zurück.

HERR SCH. *(Hitzacker)*

Täglich fährt Herr Sch. mit seinem Rollstuhl bis zum Ende der Zufahrtstraße. Wir kennen ihn, seitdem wir in der kleinen Gasse zu Hause sind und er noch relativ gut zu Fuß war. Er ging damals am Stock, nach 20-minütigem Fußmarsch an die Elbe suchte er sich eine Bank und guckte auf das fließende Wasser. Täglich veränderte sich der Strom, und besonders im Winter bei Eisgang sah er gern den Schollen hinterher. Der Gehwagen löste den Stock ab. Er brauchte dann keine Bank mehr, weil seine Gehhilfe einen Sitzplatz dabei hatte. Stundenlang hielt er sich an der Elbe auf. Aus meinem Fenster blickend, sehe ich ihn die Auffahrt hoch hasten. Es ist fünf Minuten vor 12, Mittagessenszeit. Inzwischen hat er den Rollator eintauschen müssen gegen den Rollstuhl. Nun ist er täglich in unserem Fensterwinkel, verweilt an der Bank und schiebt den Rollstuhl rückwärts mit kleinen Schritten, die Hände geben die Richtung an. Sein Urinbeutel ist in einem Stoffsack versteckt, aber seine heiß geliebten Cordhosen in beige oder braun sind immer noch zu kurz geraten. Dicke Knöchel und seine permanent blauen Lippen lassen mich auf ein Herzleiden schließen. Man kann sich mit Herrn Sch. unterhalten, wenn man ein aufmerksamer Zuhörer ist. Natürlich bedauert er, dass nichts mehr so wie früher ist. „Das Schützenfest ist nicht mehr so festlich, man feiert nicht mehr so ausgiebig. Jetzt hat man auch noch die ganze Prozedur um einen Tag gekürzt. Das kann doch kein Stadtfest sein!“

Als er noch am Rollator ging, machten wir eines Morgens eine kuriose Entdeckung. Er schob seinen Wagen in Richtung Straßenende, als ihm die flinke Mitbewohnerin schnellen Marschschrittes entgegen kam. Die beiden Rollartoren touchierten einander. „Du dumme Kuh, kannst Du nicht aufpassen!“ Er erhob seinen Arm drohend und hätte ihr gern eine rein gehauen. Sie wusste gar nicht, um was es ging, denn sie hat immer so einen Stechschritt an sich, dass man meinen könnte, nur ihre Beine haben was zu sagen. Aber der Fluch: „Oller Hund“, kam ihr doch über die Lippen. Hoffentlich sitzen die beiden beim Essen nicht nebeneinander. Ben Hur’s Wagenrennen.

ÜBERBLICK *(Hamburg)*

Auch in der Hamburger Wohnung sitze ich direkt hinter der Häkelgardine. Sie passt perfekt an die Scheibe, fällt allerdings alle zwei Tage herunter, weil der Kleber der Bistrostange schon ziemlich alt ist. Wir sind so nachhaltig, dass erst einmal alle Materialien aus dem alten Haushalt auf ihre Funktion geprüft werden. So schnell wird bei uns nichts weg getan!

Die gegenüberliegenden grauen Dächer sind jedenfalls je nach Gardinenzustand verdeckt. Ich schaue auf einen kleinen beschränkten Winkel nach draußen. Ein Bademoden- und Miedergeschäft, ein Omi Modeladen und der Händler mit den polnischen Delikatessen öffnen werktags um Punkt 9 Uhr. Die füllige Modistin hängt das Ensemble, Oberteil mit Hose, an die Markise. Dann wird der Garderobenständer mit den Trikotblusen und Schlabberhosen regensicher dicht an die Schaufensterscheibe gestellt. Zeitgleich schieben die Korsagenverkäuferinnen des Nachbarladens zwei oder drei Rundständer mit Badeanzügen, BHs auf die linke Seite der Front, während vor der rechten Seite die Strümpfe in Körben Platz finden. Was draußen ist, versperrt nicht mehr den Laden und wird erst dann von den Verkäuferinnen in Augenschein genommen, wenn es regnet, oder wenn einer Kundin zur Kaufentscheidung geholfen werden muss. Leider kann ich das Delikatessengeschäft nur begrenzt beobachten. Die Krone eines vor ein paar Jahren gepflanzten Ahornbaumes verdeckt die Werbeschrift. Ich lese nur *essen*, aber ich weiß, es steht dort *Delikatessen.* Delikat ist verdeckt. Sollte ich einmal den Laden aufsuchen? Bei den Miederverkäuferinnen bin ich schon als Kundin bekannt. Zwischen den Geschäften sind die Hauseingänge für die Wohnungen darüber. Jeweils vier Parteien gehen dort ein und aus. So auch Frau Sch. Ich erkenne sie als Mutter einer Schulkameradin unserer einen Tochter wieder. Sie verlässt gerade den Eingang mit der Mülltüte, schließt das Gitter zu den Müllcontainern auf und verschwindet. Als sie wieder erscheint, kommt es mir merkwürdig vor, dass sie den anderen Hauseingang mit einem Schlüssel öffnet und das nächste Treppenhaus betritt. Dann geht mir ein Licht auf: Klar, sie besucht ihre Tochter im 2. Stock, die dort mit ihrer Familie wohnt. Zunächst sehe ich, wie die junge Frau ihren kleinen Sohn auf die Wickelkommode hebt, ihn liebevoll zurück legt und ihm dann den Po abwischt. Nach kurzer Zeit erscheinen Oma Sch., Tochter und Enkelkind mit Kinderkarre vor der Haustür. Mit frischer Hose lässt es sich prima losrennen, aber die beiden Erwachsenen haben es eilig, auf den Wochenmarkt zu kommen. Der Junge sitzt mit Schnuller im Mund in der Karre.

KINDERGARTENGRUPPE *(Hamburg)*

Ich kann den U-Bahn-Schacht vom Fenster aus nicht sehen, aber ich kann ihn bei gutem Wetter riechen. Wenn ich im Bett liege, spüre ich das Rattern der alten Räder der U-Bahn. Sie kreuzen dann über die Weichen. Im Sommer, kurz vor halb zehn, macht sich eine Kindergartengruppe nach der anderen auf den Weg ins Niendorfer Gehege. Je nach Alter der Lütten tapsen, schlendern, eilen die kleinen Wichtel in Zweierreihen durch die Gasse. Wie die Bauarbeiter tragen sie gelbe Sicherheitswesten. Ein Betreuer führt die Gruppen an, einer zerrt am Ende das langsamste Kind hinterher, wenn er nicht das Kleinste in der Karre schiebt. Zielstrebig bewegen sie sich in Richtung Ampel zur großen Kreuzung, um dann im Niendorfer Gehege frei gelassen zu werden. Manchmal klappt es nicht so reibungslos mit dem Gang in den Wald, weil ein Kind aus der Zweierreihe ausbricht, um dem Rüpel der Gruppe auszuweichen. Dann höre ich das Geschrei durch mein dreifach verglastes Fenster und bin ganz gespannt auf die Reaktion des Erziehers: Standpauke, Trennung der Streithammel, Trösten des Bedrängten? Die Mimik und Gestik verrät die Lösung. Meistens geht es glimpflich aus, weil die Einsicht der Kleinen überwiegt.

Heute Morgen sind mehr Kinder im Schulkindalter unterwegs. Das ist erklärlich, denn die Ferien haben begonnen. Leider sind nicht bundesweit Ferien. Man einigte sich auf Staffeltermine, mit dem Effekt, dass Cousinen und Cousins selten zusammen Urlaub machen können, wenn sie in verschiedenen Bundesländern eingeschult sind.

Ein dickes Auto hält im Wendehammer. Der Vater sitzt am Steuer, bequemt sich zögerlich aus der Fahrerposition. Seine Mimik wirkt nicht entspannt. Mutter und Tochter schälen sich aus dem Auto, während der Fahrer an die Kofferklappe geht. Nun kommt es raus, das Feriengepäck des Kindes. Ein Marienkäferrollkoffer, ein Rucksack passend dazu und ein Skateboard. Er hat die tragende Rolle, indem er das Gepäck auf das Pflaster stellt. Ich male mir aus, was sich wohl vor der Abfahrt in dieser Familie abgespielt hat. Wohin soll die Reise gehen, vielleicht zur Tante? Das Schulkind nimmt nur das Skateboard zur Hand, die Mutter schleppt den Rucksack und zieht den Trolli in Richtung U-Bahn. Dann bleibt sie stehen, sagt zur Tochter etwas, die sich zurück zum Vater begibt und ihm einen flüchtigen Abschiedskuss gibt. Er düst davon. Nun überlässt die Mutter dem Kind den Rucksack und beide verschwinden aus meiner Sicht. Fröhliche Ferien!

HUNDEFRAUEN *(Hamburg)*

Heute sind sie früh dran, die drei Hundefrauen mit ihren kleinen Mischlingen. Piet klärt mich über die Hundetruppe auf. Er ist ihnen schon mehrmals morgens begegnet, wenn er mit Jasper Brötchen holt. Pünktlich um neun treffen sie sich in der Parallelstraße zum Gassigang ins Gehege. So ganz zügig kann die eine nicht gehen, sie wackelt eher von einer Hüfte zur anderen. Ein gemächliches Tempo ist bei den Dreien angesagt, wobei die Münder ein reges Geplauder vermuten lassen. Da passt es prima, dass die Bank gegenüber frei ist. Der Hundegang bekommt ein Päuschen. Ein Hund trollt sich unter die Bank und legt sich auf einen Damenschuh. Der agile Dackelmischling ist eher auf Krawall gebürstet und kläfft jeden Fußgänger an, der sich der Bank nähert. Struppi mit den dünnen Beinen zerrt an seiner Leine. Er will endlich weiter. Noch sind die Banksitzer nicht davon überzeugt, ihren Platz zu verlassen. Ihre Rücken schmiegen sich an die Lehne. Die Holzbank ist zwar hart, aber Steppjacken über die ohnehin gepolsterten Rücken laden zum Verweilen ein. Während sie sich denn doch von der Bank mühselig erheben, immer noch ins Gespräch vertieft, bemerken sie den schnellen Radfahrer nicht. Der Kläffer protestiert gegen den Beinahezusammenstoß, wodurch der Radler vor Schreck einen großen Bogen fährt. Das ist noch mal gut gegangen. Die Hundetruppe verschwindet aus meinem Blick.

SCHÜLER DER FACHSCHULE *(Hamburg)*

Als Hundebesitzerin, die täglich über die vierspurige Ampel ins Niendorfer Gehege geht, weiß ich, dass die ehemalige Schule gegenüber unserer wunderschönen Barockkirche zur Fachschule für Sozialpädagogik umgewidmet wurde. Auch unsere jungen Neubürger können dort die Eingliederungskurse oder Schulabschlüsse machen. So traben jeden Morgen um 8 Uhr herum die jungen Leute zur Schule, einige mit *Coffee to go* Bechern, andere auch mit Zigaretten in der Hand. Mittags sieht man sie lebhaft schwatzend in Richtung U-Bahn-Eingang zurückkehren. Mir fällt das schmale, groß gewachsene Mädchen auf, von Kopf bis Fuß in schwarze lange Kleidung gehüllt. Neben ihr gehen ihre Freundinnen, die meisten wie sie gekleidet. Von hinten eilt ein smarter Knabe zur Mädchengruppe und gezielt versucht er, das Mädchen zu umarmen. Sie versucht dem Bedrängen zu entkommen. Vielleicht sprechen sie die gleiche Sprache? Er möchte sie unbedingt auf den Mund küssen, aber sie wehrt sich nach Kräften, dreht sich weg, will nichts von ihm wissen. Sie zeigt eine entschlossene Ablehnung. Aus der Entfernung kann ich das Geschehen nicht als liebevollen Flirt erkennen. Er wird abgeblitzt. Ich frage mich, ist das schon Nötigung oder ganz normaler Umgang mit dem anderen Geschlecht?

REIFENPANNE *(Hitzacker)*

In Gedanken versunken stehe ich am Herd und rühre die Erdbeermarmelade, als das kleine blaue Auto im forschen Tempo den Wegstreifen am gegenüberliegenden Haus ansteuert. Schwungvoll gehorchen die Räder dem Steuerrad, bis das rechte Vorderrad mit Geknirsche die Betonstufe anrammt. Der Crash ist so laut, daß der Nachbar aus seinem Haus tritt, um die Bescherung zu bestaunen. Wie ärgerlich! Während ich meine Marmelade in Gläser fülle, begutachten die Autobesitzerin und der Anwohner den Schaden. Den Reifen hat es schwer erwischt, nur die Radkappe ist heil geblieben. Nun muss schnell gehandelt werden, damit die Einfahrt zur Residenz für die Besucher, aber auch für den Rettungswagen frei wird. Um an den Ersatzreifen im Kofferraum zu gelangen, werden etliche Teile auf die Straße gestellt: der metallene Requisitenkoffer für die Fußpflege, Lappen, in dem der Wagenheber eingerollt war, die Handtasche oben drauf, eine Wolldecke, Handfeger, allerlei anderen Kram. So dicht dran bin ich nicht, dass ich alles identifizieren kann, aber dann hievt sie den Reifen auf das Pflaster. Die beiden Akteure haben Ahnung, aber das Auswechseln des Reifens dauert seine Zeit, und das Auto versperrt die Durchfahrt. Anfahrende Autos setzen den Rückwärtsgang ein und entschließen sich für die andere Zuwegung. Inzwischen erkundigt sich eine Pflegekraft nach der Autofahrerin. Die Pediküre für die Bewohnerin muss warten. Aber nach knapp 15 Minuten kann sich die Fahrerin mit einem

Feuchttuch die Finger säubern und nach einem passenderen Parkplatz umschauen, um ihren Auftrag bei den Senioren zu erfüllen. Meine Marmelade ist inzwischen in den Gläsern.

JUNGER NACHBAR *(Hitzacker)*

Die kleine schwarze Mischlingshündin sprintet den Weg um die Ecke. Sie ist schneller als der Besitzer. Ihn erkenne ich am Schlenderschritt – mit schwarzer Sonnenbrille auf der Nase. Auch seine Jeans und sein T-Shirt sind schwarz, nur die Turnschuhe bringen Farbe in die Gestalt. Irgendwo in den hinteren Häusern muss er wohnen, scheinbar hat er auch dort noch einen Stellplatz oder eine Garage für sein schwarzes BMW Cabrio. Heute ist er zu Fuß unterwegs. Wenn er Auto fährt, kurvt er sehr forsch um die Ecke, braucht nur einen Arm zum Lenken, die andere Hand hält die Zigarette. Die Finger der Steuerhand berühren dabei nicht das Leder. Er lenkt mit der Handinnenfläche. Vom Fahren im vorgeschriebenen Fußgängertempo kann keine Rede sein. Häufig nimmt er seine Hündin mit, die dann hinten auf dem Ledersitz Platz macht. Der Hund kann ihm dann jedenfalls nicht in die Quere kommen. Sportiv kurvt er um die Ecke. Zu gern würde ich wissen, was er eigentlich so macht, wovon er lebt. Ob er studiert? Aber das geht mich nichts an, also lass ich die Frage, auch wenn es mir merkwürdig vorkommt, dass der junge Mann mir dauernd mitten am Tage vors Fenster läuft oder fährt.

SONNTAG *(Hitzacker)*

Mann und Hund sind zum Gassi gehen und Brötchen holen aus dem Haus. Sonntags gibt es immer ein Frühstücksei, die Kaffeemaschine blubbert vor sich hin, während ich den Tisch decke. Der Blick aus dem Fenster gen Himmel signalisiert: Leider ist das Wetter nicht einladend genug, um oben auf der Dachterrasse zu sitzen. Ich muss mich beeilen, dem Hund das Futter zuzubereiten. Er ist ziemlich verwöhnt, genießt die Mischung des Trockenfutters mit dem Fleisch von glücklichen Wendlandkühen. In Erwartung der feinen Zubereitung kommt der Hund im schnellen Trab die Straße aufwärts. Zielstrebig huscht er durch die Tür, die ich ihm offen halte und stürzt sich auf das Futter. Mein Mann kommt kaum hinterher, den Brötchenbeutel in der Hand. Eine Tageszeitung gibt es an diesem Tag nicht. Nun beginnt der gemütliche Teil des Morgens. Im Sommer erspähen wir die Schwalben, auch manchmal den Milan, der über den Osterberg seine Gleitflüge dreht. Vom Kirchturm schlägt die Zeit des Gottesdienstes. Schon wieder haben wir ihn verpasst. Sonntags morgens ist die beste Zeit, intensive Gespräche zu führen. Da ist das Hinausschauen nicht so wichtig, das Bedenken unserer eigenen Fragen nimmt Gestalt an und das Miteinander hat Priorität. Die Straße ist menschenleer, es ist nichts los, keine Ablenkung, bis sich dann wieder unsere Seniorenbewohner blicken lassen. Zur Mittagszeit fahren die auswärtigen Besucher vor. Die meisten kommen aus der Lüneburger, Winsener Gegend, aus den neuen Bundesländern, aber auch Berliner und Hannoveraner lassen sich sonntags bei ihren Angehörigen blicken.

Ein Gang mit dem Hund in die Natur ersetzt uns den Kirchgang.

GHANA SAMSTAG AB 9 UHR *(Hamburg)*

Heute ist ein guter Tag, jedenfalls fängt er richtig fröhlich an. Das Wetter präsentiert sich sommerlich warm, und ich freue mich auf den Gang mit dem Hund ins Niendorfer Gehege. Aber erst mal gibt es Frühstück und damit den Blick aus dem Fenster. Bevor ich irgendeine Bewegung in der Fußgängerzone erspähe, höre ich sie schon, die fröhlich schnatternde Gruppe. Das Rattern der U-Bahn kurz nach 9 Uhr hat sie schon angekündigt. Farbige Frauen in prächtig bunten Gewändern ziehen mit ihren Familien gemächlich am Haus vorbei. Ihre kleinen Mädchen haben sie, wie sich selbst, mit farbigen Accessoires ausstaffiert. Kleine fein gebundene Zöpfe wippen bei jedem Hüpfer um die Köpfe. Die Jungs, egal in welchem Alter, tragen Anzüge und Slipper an den Füßen, nur einige haben sich gegen den mütterlichen Geschmack durchgesetzt und laufen mit den flinken Boateng-Fußballschuhen. Väter haben die Collegemappen unter dem Arm, manche schieben den frisch geborenen Nachwuchs im Kinderwagen oder der Karre. So ziehen sie fröhlich vorbei, machen den 10-minütigen Fußmarsch bis zu ihrer Kirche, dicht am Rollfeld des Flughafens. Die nächste U-Bahn kündigt die zweite Gruppe an. Ich kann mir aussuchen, welche der Frauen das schönste Gewand anhat. Selbstbewusst tragen sie ihre fülligen Körper zur Schau, sind sich einig in ihrem Mut zu außergewöhnlichen Kleidern. Manche haben sich mit kompliziert gewickelten Tüchern um den Kopf geschmückt, andere finden es schön, die krausen

Haare mit dem Glätteisen straff zu ondulieren. Da muss ich mich richtig schämen mit meinen Einheitsjeans und dem Schlankheitswahn. Die Fröhlichkeit der Gruppe bei ihrem Kirchgang steckt mich an. Am liebsten wäre ich Gast bei ihrem Gottesdienst, aber das kann ich mir wohl aus dem Kopf schlagen. Ich komme nicht aus Ghana.

DIE BANK ALS FAHRRADWERKSTATT *(Hamburg)*

Der Sommer verwöhnt uns, nicht nur mich als Beobachter aus dem Küchenfenster, auch die Nachbarn von gegenüber aus dem Haus. Das schöne Wetter lockt schon früh den Familienvater mit den beiden Kindern vor die Tür. Ich bin noch nicht fertig mit frühstücken und sehe, wie der Vater sein Geländefahrrad vor die Sitzbank lehnt. Hinter ihm folgen der kleinere Sohn mit seinem Laufrad und die große Schwester mit ihrem rosaroten Fahrrad. Der Kleine versucht, seiner Schwester davon zu radeln. Eine wilde Verfolgungsfahrt, rund um den Wendehammer, lässt der überschüssigen Energie freien Lauf. Währenddessen hat der Vater sein Vehikel umgedreht, auf den Sattel gestellt, um es mit den mitgebrachten Putzlappen ordentlich zu wienern. Er hat sein Werkzeug dabei, den Schraubenschlüssel und das Ölkännchen. Es ist Samstagvormittag, der Vatertag in der Woche. Die Bank, auf die ich immer gucke, ist heute zur Fahrradwerkstatt umfunktioniert. Seine Kinder streiten sich, weil der Kleine der Großen das rosa Fahrrad abschnacken will. Er hält ihr den Lenker fest und lamentiert. Sie besteht auf ihr Eigentum, er verzieht sich zum Hauseingang. Vatern kann den Streit nicht schlichten. Er ist zu sehr mit der Instandhaltung seines Velos beschäftigt. Aber da guckt auch schon die Mutter aus dem Fenster und öffnet per Summer dem krakelenden Jüngsten die Haustür. Ich kann das Geschrei nicht verstehen, aber es vergehen keine zwei Minuten, bis die Mutter ihrem Sproß einen großen Roller an der Tür übergibt. Nun hat er doch seinen Willen bekommen und saust seiner Wege. Zur Mittagszeit ist die Bank wieder leer.

SOMMERFEST *(Hitzacker)*

Große Ereignisse in der Straße kündigen sich an. Der Rasen an der Seite der Seniorenresidenz ist laut knatternd ein Stück kürzer geraten. Die Zeltstangen raken halb ausgefahren in den Himmel, bis vier Frauen das Segeltuch überstülpen. Wir haben es auf der Straße erfahren: Sommerfest für die Bewohner, Angestellten und Besucher soll gefeiert werden. Es haben sich die Kindertanzgruppe angesagt und die beliebten Jeetzelstakers, die Männerband im Rentenalter aus Hitzacker. Wenn gefeiert werden soll, bringt man sich am besten bei lauter Musik in Stimmung. Während der Auf- und Abbauphasen donnert die Stereoanlage, beschallt die ganze Straße, dass auch wir in den Genuss der Unterhaltungsmusik kommen. Von meinem Fenster in der Küche erkenne ich sie nun, die vielen Gäste und Mitwirkenden. Sie haben Mühe einen Parkplatz zu finden, denn auch die Tanzkinder reisen mit mehreren Privatautos an. Es riecht schon gut nach gegrilltem Fleisch und Bratwurst. Gerüche und Klänge sind auch im Haus zu vernehmen, denn ab und zu wird unsere Tür geöffnet, sei es drum, den Hund vor der Tür abzulegen. Weil die meisten Bewohner schon unter Hörverlust leiden, ist die Stereoanlage besonders hoch ausgesteuert. Ich nehme meine Hörgeräte raus. Das muss ich nicht lange ertragen. Besonders die Musik der Männerband geht mir nach kurzer Zeit auf die Nerven, habe ich doch nach der Sommerlichen Musikwoche die Klänge eines Streichquartetts besonders favorisiert. Wir können nicht umhin, uns auf dem Fest sehen zu lassen, finden die Bratwurst vortrefflich und haben einen kleinen Plausch mit dem netten Ehepaar, das ihre Mutter in der Einrichtung gut untergebracht weiß. Ab 18 Uhr ist Abbruchstimmung. Es fängt auch noch an zu nieseln. Die Bewohner werden auf ihre Zimmer geschoben und die Reste des Büfetts abgeräumt.

FEUERMELDER *(Hitzacker)*

Am nächsten Tag ist wieder Ruhe eingekehrt. Wir sind mit dem Frühstück spät dran. Ich koche gerade Kaffee und schaue aus dem Fenster, als ich den Neuzugang erblicke: die feine Dame mit Hochsteckfrisur, die Gehhilfe vor sich herschiebend. Gemächlich bewegt sie sich vorwärts, als die Feuersirene ertönt. Ich eile auf den Balkon, um die Feuerlampe zu sehen. Tatsächlich! Mal wieder ist Feueralarm in der Seniorenresidenz. Vor Jahren hatten wir mitten in der Nacht die Beinahekatastrophe. Eine Bewohnerin hatte es sich im Strandkorb in der Rotunde im 4. Stock gemütlich gemacht und ein Zigarettenpäuschen eingelegt. Leider war sie nicht in der Lage, das Feuerzeug oder das Streichholz zitterfrei halten zu können. Jedenfalls schrie sie um Hilfe, als der Strandkorb schon brannte. Es ist kein Bewohner zu Schaden gekommen, aber die Nachtruhe war dahin, denn wenn acht Feuerwehrautos mit vollen Mannschaften anrücken, ist die Zufahrt bis auf die Querstraße gesperrt. Das Geschrei der Kommandos war nicht zu überhören. Bis die überzähligen Dieselfahrzeuge abgezogen waren, dauerte es. Die hauptverantwortlichen Männer fanden die richtigen Leitern, löschten das Feuer, und der Rest der Nacht verlief still. Die Gedanken um das Geschehen, das Glück, dass nichts passiert war, ließ uns lange nicht einschlafen.

Nun soll die Anlage seit Wochen wartebedürftig sein, alle paar Tage geht die Sirene los und die Freiwillige Feuerwehr rückt an. Ich ermuntere die Bewohnerin, zur Seite zu treten, denn die roten Kolosse werden sich nicht an das Gebot der Schrittgeschwindigkeit halten müssen. Dieses Mal kommen drei Feuerwehren mit jeweils ca. acht Männern in voller Montur. Tatsächlich, blinder Alarm! Ob die freiwilligen Helfer nicht schon einen dicken Hals haben, wenn sie sonntags morgens durch die Falschmeldung aus dem Schlaf geholt werden? Manch einer hat sicher die halbe Nacht auf der Hochzeit von Stella mit Sascha gefeiert. Wann stellt man der Seniorenresidenz die Kosten in Rechnung?

ZAUN DES NACHBARN *(Hitzacker)*

Wie schön, die Hamburger Nachbarn sind mal wieder da. Bei unserem Gegenüber sind dann die Rolläden wieder hoch, das Hamburger Auto steht in der Einfahrt. Man hat den alten Zaun abgerissen, abtransportieren lassen und wartet auf die Hilfsarbeiter für die Neugestaltung.

Alles hat seine Zeit und auch der Jägerzaun des Nachbarn ist in die Jahre gekommen. Gut, er hat immer noch die Hunde vom Grundstück fern gehalten, aber die Katzen fanden einen Durchschlupf. Das Abbauen geht relativ schnell. Die Holzteile werden auf einen Anhänger geladen und dann weggefahren. Zwei Wochen hatte das Hanggrundstück keine Grenze. Ich habe immer ein bisschen Respekt, mit dem Auto aus unserer Einfahrt zu fahren, weil die Abgrenzung fehlt. Welch ein Trugschluss, denn so ein morscher Jägerzaun wird ein dickes Auto nicht aufhalten, die Böschung herunter zu stürzen. Die fast wöchentlichen Meldungen der Seniorenunfälle durch die Verwechslung der Gas- und Bremspedale sprechen eine deutliche Sprache. Aber nun kommt Leben in die Gestaltung des Grundstücks. Zwei Handwerker sind dabei, die Löcher für die Pfosten auszuheben und zu betonieren. Das ist ziemlich anstrengend, zumal der Hausherr den beiden Fachmännern wohlgemeinte Ratschläge erteilt. Früher hätte er diese Arbeiten selbst erledigt, aber auch er ist wie der alte Jägerzaun in die Jahre gekommen. Als es am nächsten Tag fürchterlich regnet, lassen er und seine Frau sich nur kurz blicken. Es geht darum, eine

Pforte und zwei Flügeltore geschickt in die Zaunreihen rechts und links zu montieren. Dann kommen auch noch die zwei Urlauber aus Bayern zum Fachsimpeln dazu. In Bayern gibt es auch Jägerzäune. Nun nimmt der Staketenzaun Gestalt an. Weil er sehr blass aussah, muss er noch mit dunkler Holzschutzfarbe bearbeitet werden. Einen Meter schaffen die vier Arbeiterhände mit den schmalen Pinseln. Tom Sawyer hätte sich seine Freunde Jim und Konsorten zu Hilfe geholt, gegen Naturalien. Das ist zwei Jahrhunderte her, längst vergessen. Am nächsten Tag kommt die Farbspritzpistole zum Einsatz. Das verkürzt die Arbeitszeit, allerdings sind das Entfernen der überschüssigen Farbe und das Polieren der Metallbeschläge sehr aufwendig. Der Zaun ist fertig, sieht prima aus, eben wie neu. Das rege Treiben hat ein Ende.

AN- UND ABFAHRT IM WENDEHAMMER

(Hamburg)

Links von meinem Fensterguck zieht sich in der Mitte der Fußgängerzone eine Zufahrtsmöglichkeit, die durch den Wendehammer begrenzt wird. Autos können gegen einen Parkschein für zwei Stunden abgestellt werden, aber auch Kurzanhalter fahren in den Wendehammer. Bis morgens um 10 Uhr ist die Durchfahrt für Lieferanten gestattet, zu allen anderen Zeiten natürlich auch für die Krankentransporte und die Polizeistreifen. Täglich stehen die Postboten, Hermesboten und UPS in der Schleife. Taxen rauschen ran, damit die Patienten pünktlich zum Termin erscheinen. Dann werden Gehhilfen, Krücken, Rollstühle aus den Kofferräumen gehievt. Gebrechliche Personen finden Halt in den angewinkelten Armen der Begleitpersonen. Dann ist es für meine Augen Spekulation, zu welcher Fachrichtung die Patienten aufbrechen.

Ein Ehepaar bewegt sich zu den Auslagen des Miedergeschäftes. Eine Krücke vor die andere, so hat man es der Patientin gezeigt, im Parallelschwung, schlendert sie gemächlich vorwärts. Ich denke mir, daß sie Dessous für das Krankenhaus oder die Reha braucht. Im Miedergeschäft ist sie an der richtigen Adresse. Aber so kommt sie nicht an den Badeanzügen vorbei. Also schiebt er den Korb zur Seite. Schwimmen ist gesund! Wo er wohl seine Badehosen kauft? XXXL hat der Wäscheladen für Herren nicht vorrätig. Die Größe würde er brauchen, denn die beiden Rentner lassen es sich immer gut gehen. Nun nimmt er ihre Krücken in Obhut, damit sie weiter stöbern kann. Er probiert schon mal drei Schritte vor. Da kommt das Fahrrad in die Quere. Der junge Mann hat es eilig, kriegt aber gerade noch die Kurve. Die Schneise zwischen Wäscheständern, Stromkästen und den Fahrradbügeln mit den abgestellten Velos ist ein gefährliches Pflaster. Durch diese hohle Gasse müssen sie durch, die Passantengucker, Kindergruppen, Rollstuhlfahrer, Flanierer und auch die Krückengeher. Aus meiner Sicht ist heute alles gut gegangen.

BALKONSZENEN IM 2. STOCK *(Hamburg)*

Kaum hebe ich meinen Kopf vom Frühstücksei nach rechts, gucke ich zwangsweise auf den Balkon der jungen Familie gegenüber. Da ist dauernd Bewegung, denn die Erwachsenen haben sich aus Gesundheitsgründen zum Rauchen auf den Balkon entschieden. Der wiederum gibt Platz für zwei stehende Erwachsene, zwei Stühle an der Seite und wird geschmückt mit den Geranienkästen. Man steht lieber, weil es schnell gehen soll, besonders die Frau fackelt nicht lange. In schnellen Zügen, die eine Hand in die Hüfte gestemmt, die andere den Glimmstengel haltend, pafft sie hastig bis an den Stummel, drückt ihn dann in den hinter der Balkonbrüstung verdeckten Ascher. Fünf Blumenkästen wollen gepflegt werden, da passt es gut, dass die Hausfrau mit den nun freien Händen nach gefühlten vier Minuten sich vorbeugt und an den Blumen zippelt. Danach verschwindet sie hinter der Balkontür.

Ein wenig später, ich hatte gerade die Spülmaschine ausgeräumt, betritt der Ehemann den Balkon, steckt sich die Zigarette an, setzt sich in die rechte Ecke, so dass ich nur die Rauchwolke hervorquellen sehe.

Nachmittags kommt der Kleine aus dem Kindergarten zurück. Er sitzt nicht mehr in der Karre, sondern marschiert auf dem Laufrad, schneller als die Mutter gehen kann. Nach einer gefühlten Minute erscheinen die beiden auf dem Balkon, sie steckt sich die Lulle an und dirigiert ihren Sproß, der mit der Wasserpistole die Geranien verwöhnt.

Manchmal geht der Strahl auch über die Brüstung, aber das macht nichts, denn Fußgänger sind nicht in Sicht. Nur die schlaff herunterhängende HSV-Fahne könnte nass werden. Naja, der Verein ist ohnehin abgestiegen.

BAUARBEITEN AN DER FASSADE *(Hamburg)*

Der erste Herbststurm fegt durch die Stadt. Sogar in den Nachrichten wird vor den Auswirkungen der Sturmböen bis Windstärke 12 gewarnt. Das scheint die Gerüstbauer am Haus gegenüber nicht zu beeindrucken. Sie sind zu dritt. Zwei turnen nach oben, einer reicht zu. Stangen und Bretter werden per Seilwinde an die Fassade gehievt. Nun ist es für mich spannend zu beobachten, wie das Gerüst fest gemacht wird. Schwindelerregend turnen die Arbeiter von einer Ebene zur anderen, immer mit einer Hand an der bereits festgeschraubten Halterung. Stangen, Bretter, lange Leitern finden den Weg nach oben. Ich mag gar nicht hinsehen, denn der Wind wird immer stärker. Die Seilwinde schaukelt von einer Seite zur anderen. Mit festem Griff werden die Materialien an ihren Platz positioniert. Da passt jeder Handgriff. Zur mentalen Unterstützung bitte ich meinen Gatten, das Ganze mal anzugucken. Aber dem ist auch nicht wohl, wahrscheinlich weil er nicht schwindelfrei ist. Darf die Firma überhaupt bei der bereits verkündeten Gefahrenlage arbeiten lassen? Hat der Aufbau nicht einen Tag Zeit? Ich kann gar nicht mehr hinsehen, möchte nicht Zeuge sein, wenn etwas passiert. Also verlasse ich meinen Fensterplatz und gehe meinen Hausfrauentätigkeiten nach.

Am nächsten Tag steht das Gerüst und die Fassadenarbeiter turnen auf den Plattformen. Sie sind sturmerprobt, aber in der Innenstadt ist in der Nacht eine Frau von einem umstürzenden Gerüst erschlagen worden.

WASCHMASCHINE *(Hitzacker)*

Na, da tut sich mal wieder was! Mitten auf der Einfahrt zur Seniorenresidenz parkt der dicke Mercedes-Kombi. Der Fahrer ist nicht zu sehen. Ich bin zu spät ans Fenster getreten, weil ich den Spargel über der Spüle geschält habe. Ein Mann zieht die Sackkarre am Nachbargrundstück vorbei. Auf ihr lagert eine Waschmaschine, wahrscheinlich das Sperrmüllgerät des Nachbarn. Die Maschine stand mindestens ein Jahr hinter der Hauswand – hatte längst ausgedient.

Hinter dem Träger kontrolliert eine wohlgerundete Frau den Transportgang. Anfassen ist ihr nicht gestattet. Das ist Männerarbeit. Aber nun geht es ans Anhieven in den geöffneten Kofferraum. Dabei darf sie dann Hand an das Gerät legen. Ihre Stöhner kann ich nur ahnen. Ich kann meine Augen nicht lassen von dem Kraftakt, bietet mir doch der Schlepper so einiges an körperlichen Attributen. Er selbst verfügt über einen muskulösen, sehr austrainierten Körper. Das schwarzweiße Karohemd ist breit, wohl 12 mal zehn Karos breit, aber leider sehr kurz. In ein Fitnessstudio braucht er nicht zu gehen, wenn er seine Berufung im Transport von Waschmaschinen gefunden hat. Um die Wucht zu schaffen, geht er in die Knie, zeigt mir seine Rückansicht. Leider ist seine Trikothose im Hosenbund ein wenig ausgeleiert, rutscht nach unten und lässt das Maurer-Dekolletee blitzen. Nein, das tut man nicht, man guckt nicht schamlos der Plackerei anderer zu! Aber was kann ich denn dafür, dass man mir so große

Einblicke gewährt? Nach gefühlten 30 Minuten ist der Schrott in das Auto geschoben, und mit lautem Dieselgeräusch macht der Mercedes dem inzwischen wartenden Kleinwagen der Seniorenangestellten Platz, denn es ist 13 Uhr, Schichtwechsel – und mein Spargel noch nicht im Topf.

BLÜMCHEN *(Hitzacker)*

Zehn Uhr ist vorbei, als Blümchen im Schlenderschritt vorbeigeht. Wir nennen sie Blümchen, weil sie häufig von ihren Spaziergängen zurückkommend Blumen in der Hand hat. Die meisten Gärten haben im Sommer Blumen, die ihr gut gefallen. Ich frag mich, ob denn auch die Betreuer in der Demenzabteilung Vasen bereithalten. Zu Anfang ihres Aufenthaltes wurde Blümchen von ihrer Schwester begleitet, die aber dann nach Auseinandersetzungen in ihren Heimatort zurückkehrte, auf die andere Seite der Elbe. Als sie einmal allein unterwegs war und ich sie am Haus traf, hat sie mir unter Tränen ihr Herz ausgeschüttet.

„Ich halt das nicht mehr aus, ich geh zurück zu meiner Mutter."

Nun war Blümchen allein in der Residenz, allein unter vielen. Sie macht auf mich einen fröhlichen Eindruck, geht inzwischen ohne Handtasche, also auch ohne Geld in die Stadt. Meistens hat sie eine Trikothose an, einen adretten engen Pullover, aber keine festen Schuhe. Ihre Ballerina mit der dünnen Sohle muss sie lieben, auch bei Regenwetter. Wenn sie freundlich lächelt, passiert es, dass man ihre Schneidezähne vermisst. Nach zwei Wochen ist ihr Gebiss wieder vollständig. Man klärt mich auf. Beweglicher Zahnersatz wird dauernd verlegt. Ich kann mir auch denken, dass Blümchen nicht gern zum Zahnarzt geht. Nach einer halben Stunde, ich habe grad den Hund draußen angebunden, erscheint sie wieder. In der Hand hält sie die blauen Blümchen. Es scheint sich herumgesprochen zu haben, dass es Blümchen gibt, denn nun folgt ihr die hübsch ondulierte Dame mit ihren Hackensandalen, am Gehwagen sich festhaltend zum Nachbarzaun. Der Busch ist einladend gelb. Wir haben schließlich Mai.

Der Mai, der Mai, der lustige Mai!

Er kommt heran gerauschet. Ich ging in den Wald und brach mir einen Mai.

Der Mai und der war grüne. Tralala!

SAMSTAG, 7 UHR *(Hamburg)*

Wer steht denn da schon freiwillig so früh auf? Rentner eigentlich nicht, es sei denn, sie haben einen Termin. Wir sind zum Skiffeln in Glinde am anderen Ende der Stadt verabredet, damit die Bühne vor 11 Uhr hergerichtet ist, wollen wir zeitig aus dem Haus.

Aus dem Eingang schräg gegenüber erscheint Omi und geht gemächlich zu ihrer Haustür. Sicher hat sie der Familie ihrer Tochter die Brötchen gebracht. Die hat Besuch von ihrem Bruder, also Omis Sohn. Ich sah die Familien am Vortag vor dem Auto mit dem fremden Kennzeichen stehen und palavern. Nun ist er wohl eine Nacht geblieben. Kaum ist Omi hinter ihrem Hauseingang verschwunden, gönnt sich ihre Tochter auf dem Balkon im 2. Stock die Verschnaufpause mit Dampf. Schnellen Zuges wird der Glimmstengel verqualmt. Aber was ist das denn? Nur weil die Geschäfte noch nicht geöffnet, keine Passanten auf der Straße zu sehen sind, kann man doch nicht den glühenden Rest auf die Straße werfen? Sie kann!

Jetzt wird es endlich Zeit, dass ich meinen Beobachtungsplatz mit Piet tausche. Dann gucke ich auf das Klettergerüst und die Apothekentür. Dieser Blick ist von Piet favorisiert, erinnert er sich doch zu gern an seine Berufstätigkeit und erkennt manch einen seiner alten Kunden wieder.

MÜLL *(Hamburg)*

Schatz, nimmst du den Müll mit? So wird sie gefragt haben, bevor der Vater mit dem Schulmädchen das Haus verlässt. Die Schule wird um 9 Uhr beginnen, ist aber weiter weg als der Kindergarten für den Filius. Der Sohn verläßt immer 8.58 Uhr das Haus. Mutter und Sohn brauchen nur zwei Minuten. Väter haben es immer eilig. Seine Frau schnackt gern mal mit den Geschäftsinhabern im Wohnblock. Sie hat mehr Zeit. Der Gatte muss sich sputen. Mit der Plastiktüte in der Hand strebt er nicht rechts die Müllanlage an, nein, er steuert zielgerade auf den öffentlichen Papierkorb zu und schmeißt mit flotter Armbewegung den Nachlass in den Kübel. 1:0 für den Hausmann. Ist doch prima, wenn sich die Männer an der Hausarbeit beteiligen!

SENIORENMITTWOCH *(Hamburg)*

Aus der Marktplatzrichtung sehe ich sie kommen, die Seniorengruppe. Ach ja, es ist später Mittwochnachmittag. Die Damen, es ist kein Herr dabei, haben ihren Seniorentreff im Gemeindehaus der Niendorfer Marktkirche erlebt. Die kleine Frauengruppe fällt durch ihre Stilsicherheit in der Bekleidung auf. Sie haben sich alle schick gemacht. Als wenn sie sich abgesprochen hätten, tragen sie alle Trenchcoats in den Farben beige, grau, rosa oder hellblau. Ihre Haare haben sie gewellt, kurz oder kinnlang, auch zum Knoten festgesteckt, einheitlich silbergrau. Nur ihre Gangarten unterscheiden sich, manchmal unsicher wackelig, eine behilft sich mit dem Stock, die andere schiebt die Gehhilfe. Zwei haben sich untergehakt. Je näher sie kommen, umso besser kann ich ihre Gesichter erkennen. Sie unterhalten sich lebhaft, und ich denke, dass ihnen das Kaffetrinken in gemütlicher Runde ebenso wichtig war, wie der Vortrag über die Sicherheit im Alter. Auch das Singen und Beten mit dem Pastoren, den sie schon lange kennen, gehört dazu. Ihre Lebhaftigkeit in der Mimik und Gestik macht deutlich, wie wertvoll diese Treffen sind.

Ich muss an meine Mutter denken. Als sie mit 76 Jahren Witwe wurde, habe ich ihr empfohlen, einmal zum Seniorennachmittag zu gehen – mit der Begründung, die Chance zu nutzen, Kontakte zu knüpfen. Ich war der Meinung, dass sich ihr Leben nicht nur um Kinder und Enkel drehen könne. Zunächst lehnte sie ab: *Da sind nur alte*

Leute, das will ich nicht. Aber dann hat sie sich überwunden, und der Mittwochnachmittag wurde zum Wochenritual. Sie freundete sich mit einer Dame an, machte schöne Reisen mit der Gruppe und gehörte zehn Jahre dazu.

Ja, ich möchte die Senioren aus dem Stadtbild nicht missen, sie gehören zu meinen Beobachtungen, beleben die Fußgängerzone und müssen weder den schnellen Fahrrädern noch den supermodernen Gateways ausweichen, die tollkühn an den Passanten vorbeidüsen.

ZULIEFERER *(Hitzacker)*

In gewissen Abständen wird die Seniorenresidenz von den Zulieferern angesteuert. Da kommt der Wäschewagen, er wendet bei uns in der Einfahrt, um rückwärts einzuparken. Als ich das Wendemanöver das erste Mal beobachtete, hatte ich Angst um unsere Hausecke. Inzwischen sehe ich der Anfahrt gelassen entgegen. Er kann das! Aber der Handelshofwagen wird nicht immer souverän gesteuert, drückt ab und zu gegenüber den Eckstein mit dem rechten Vorderreifen in das Erdreich. Dann gerät das Ganze in Schieflage, und ich frage mich, ob er die Eier sicher transportiert. Rechts vor links hat Vorfahrt, das soll auch in unserer Spielstraße so sein, aber heute hat der Lastwagen es eilig, zurück zu fahren und übersieht beinah den Mountainbike-Fahrer, der auch nach Hause will. An der Vielzahl der Transporter kann ich erkennen, wie abwechslungsreich die Tische für die Senioren gedeckt werden. Auch der Chef-Culinare ist unter Vertrag, ebenso die Bio-Lieferanten. Aber nun erblicke ich den RE-FOOD-Laster. Na klar, die Essensreste gehören nicht in den Hausmüll und können gewinnbringend an Schweinemästereien verkauft werden. Aber so ganz habe ich das nicht verstanden, wenn man den Skandal in der Schleswiger Schlei verfolgt. Da hat doch tatsächlich die Verarbeitungsfirma geschlampt und die Essensreste mit der Verpackung gehäckselt. Der Rest mit Plastikteilchen ist nun mit den Abwässern in die Schlei gelandet. Mir kommen die Begriffe *Netto, Tara, Brutto* in den Sinn. Wie viel Plastik darf es denn sein? Und was setzt sich in unserer Nahrungskette fest? Der Lastwagen mit RE-FOOD nimmt die andere Abfahrt, und ich male mir aus, was aus der Küche der Seniorenresidenz in den Transporter gelangt und hoffe, dass Plastikverpackungen in die gelben Säcke wandert.

Erschöpft von dem Gang vom Discounter nach Hause zieht eine alte Dame ihren Hackenporsche hinter sich her. Sie hat es nicht mehr weit, muss nur noch links um die Ecke biegen. Leichten Schrittes war sie vor einer Stunde bei uns vorbei marschiert, aber nun hat sie die Wochenendeinkäufe getätigt. Vielleicht kommt ihr Sohn aus Hamburg zu Besuch. Sie selbst ist bescheiden, braucht nicht so viel. Wir kennen und grüßen uns, ohne Namen zu nennen. So macht man das in Hitzacker, man ist ständig am Nicken und Grüßen.

HUNDEPLATZ *(Hitzacker)*

Den Hund habe ich draußen am Pfahl angebunden. Er liegt dort gern, auch auf dem nackten Boden, wenn es nicht allzu kalt und nass ist. Grundsätzlich muss er das Haus verlassen, wenn ich die Putzgeräte schwinge. Aber in gewissen Abständen überzeuge ich mich, ob alles seine Ordnung hat. Ihm ist nicht langweilig, weil es spannend ist, wer am Haus vorbeiläuft oder fährt. Er dreht den Kopf in die Richtung der Vorbeikommenden, verlässt aber nicht seine Liegeposition. Auch die schwarze Hündin von nebenan, die gleich mal schnüffelt, ob das Futter noch zu sehen ist, bringt ihn nicht aus der Ruhe. Aber wenn die freundliche Nachbarin zum Streicheln kommt, steht er schwanzwedelnd auf. Die ist aber auch zu nett, auch wenn sie verräterisch nach ihrer Katze riechen muss. Die mag mein Hund nicht. Ein Versorgungslaster schnauft die Straße rauf. Den mag mein Hund auch nicht, fühlt sich bedroht, steht aus dem Körbchen auf und versucht, hinter dem Carportpfeiler zu verschwinden. Dabei umkreist er unseren Banjozwerg, der seit Neuestem auf dem dicken Stein sitzt. Ich erlöse meinen Hund von der ängstlichen Situation, lass ihn ins Haus und mach damit den Weg frei für das gute Sofa. Auf dem schläft er auch gern.

HASELBÄUME *(Hamburg)*

Die kleinen Haselbäume werfen nun ihre Igelfrüchte ab, eine Freude nicht nur für die Kinder, die sich behände bücken, um die Kugeln als Wurfgeschosse zu verwenden. Auch das flinke Eichhörnchen wartet auf die günstige Gelegenheit, Beute ins Nest zu tragen. Dabei klettert es zunächst in die höchste Baumkrone, wartet, bis die Kinder sich trollen, und in Etappensprüngen schießt es zu den Früchten. Geschickt umspringt es Bänke, parkende Autos und läuft an der Hausfront entlang, um hinter dem Metallgitter in den Garten des ehemaligen Bauernhofes zu verschwinden. Dort muss seine Bleibe sein. Kaum ist der Nager verschwunden, taucht er auch schon wieder auf. Ich frage mich, ob das Eichhörnchen einen Winterschlaf halten wird, oder ob es auch in diesem Jahr keinen richtigen Winter gibt. Eine beige gekleidete Frau mit Jutetasche bückt sich nach den Nüssen. Ihr wadenlanger Rock behindert die Sicht, und die Gesundheitstreter werden zur Seite gestellt. So ganz flüssig sind ihre Bewegungen nicht mehr, und ich kann mir denken, dass sich bei jedem Bücken die Kniee knirschend beschweren. Aber Nüsse sind wertvolle Nahrungsmittel mit viel Eiweiß und Vitaminen, auch noch biologisch angebaut. Denn gespritzt werden die Bäume nicht. Ihre Jutetasche scheint jetzt gut gefüllt zu sein. Zielstrebig geht sie der Durchfahrt entgegen.

TRAUER *(Hamburg)*

Ein grauer Novembertag lockt mich nicht nach draußen. Die Fußgänger haben mit ihren warmen Jacken vorgebeugt, manche gehen ein wenig schräg nach vorn, um dem Wind zu trotzen. Das Bekleidungsgeschäft gegenüber hat nur noch wenig Auswahl in der Auslage. Dafür künden die roten Plakate auf den Totalausverkauf hin. Wegen Krankheit, heißt es. Heute Morgen sehe ich die Besitzerin in schwarz gekleidet. Sie begrüßt drei jüngere Passanten, ebenfalls in Trauerkleidung. Ach ja, der kranke Gatte ist vor einer Woche verstorben, und heute muss die Beerdigung sein. Frau S. geht schleppend am Schaufenster vorbei. Sie hat das Alter erreicht, den verdienten Ruhestand anzutreten. Aber würde ihr nicht die Arbeit ein wenig helfen, die Trauerlast zu schultern? Eine Kollegin aus dem anderen Geschäft holt sie schnellen Schrittes ein, spricht sie an und nimmt sie in den Arm. Rührend zu sehen, wie sie Frau S. tröstend über den Rücken streicht. Wie tut das der Trauernden gut!

Was wohl aus dem Geschäft wird? Gerade die eigentümergeführten Geschäfte werden immer weniger. Ich muss mich ein wenig zur Seite beugen, um die Reklame des übernächsten Ladens zu erkennen: *Malve*, ein Miederwaren-Laden mit Dessous, seit einigen Jahren immer mutiger mit farbigen BHs und Schlüpfern, Nachtwäsche dekoriert. Abends muss ich schmunzeln, denn das V im Wort *Malve* ist mit einem rot leuchtenden Herz versehen. Es pocht im Sekundentakt, als wenn es auf ein

Etablissement hinweisen würde. Sind wir denn auf der kleinen Reeperbahn?

Der November-Blues hat mich fest im Griff, aber es gibt einen leckeren Kakao zum Stollengebäck. Ein Lieferwagen mit offener Ladefläche hält an dem Laternenpfahl vorm Haus. Zwei Arbeiter machen sich daran, einen Sternenkranz um den Lampenschirm herum zu montieren.

Ja, bald ist Weihnachtszeit. Ich freue mich auf die Musik, die Begegnungen, die Leckereien und die Muße zum Beobachten.

JUNGE FAMILIE *(Hamburg)*

Ein junges Paar bleibt an der Bank in der Fußgängerzone stehen, die ich zwangsläufig im Blick habe, wenn ich an meinem Fensterplatz sitze. Wenn ich hören könnte, was sie sich zu sagen haben, dann wäre folgendes zu erfahren: *Wollen wir jetzt mal tauschen?* Er trägt das Baby im Tragetuch vorm Bauch. Als er sich umdreht, erkenne ich eine hellblaue Mütze im Tuch, allerdings nur zur Hälfte zu sehen, denn die andere Hälfte gehört noch in den Beutel. Ich schätze den Winzling auf fünf Monate alt. Nun ist sie an der Reihe. Vorsichtig wird der Nachwuchs aus dem Tuch gezippelt und erstmal von der Mutter liebkost. Dann übernimmt sie die Verschnürung des Tragetuches um ihren Bauch. Eine Reaktion des Babys kann ich nicht erkennen. Der Elternwechsel wird ihm schon geläufig sein. Ob es die verschiedenen Gerüche, mal nach After Shave, mal nach Muttermilch oder Frauen-Deo, auseinanderhalten kann? Auf jeden Fall wird es spüren: Meine Eltern sind für mich da, gehen liebevoll mit mir um. Die Eltern trennen sich an der Bank, gehen in verschiedene Richtungen – nicht ohne sich mit einem Küsschen voneinander zu verabschieden.

LOCATION *(Hamburg)*

Heute wäre der Geburtstag meines Vaters, 11. Januar. Es regnet Bindfäden und morgen früh soll es Minustemperaturen geben. Dann sind die roten Ziegelsteine gefährlich vereist. Schade, man mag gar nicht rausgehen. Die Fußgängerzone ist menschenleer. Ich sehe nur die Miedergeschäftbesitzerin ihre Textilkörbe hineintragen. Feierabend 18 Uhr, der Abendbrotstisch soll gedeckt werden.

Nanu, das Café oder besser gesagt, die Location gegenüber hat noch auf? Im Sommer hätten sie schon längst die Stühle und Tische durch eine Kette verbunden, denn abends ist Feierabend. Heute scheinbar nicht, denn es strömen einige Besucher hinein. Das ist ja mal eine gute Idee, das Café für sich zu buchen. Es ist klein und kuschelig, dennoch größer als unsere Räume am Tibarg. Im Sommer gab es schon einmal so eine Party. Von der Musik hatten wir bis Mitternacht Beschallung, allerdings einigermaßen erträglich, denn es fehlten die wummernden Bässe. Man hatte sich für Schmusemusik entschieden. Vaterns Geburtstag hätte auch dort gut gefeiert werden können. Die große Familie und der Freundeskreis hätten Platz gehabt und sicher würde Kammermusik auch dort gut zu hören sein.

SCHNEE *(Hitzacker)*

Es gab Schnee, aber nur wenig. Der Hausmeister der Seniorenresidenz konnte endlich seinen Trecker aus der Garage fahren und den Schneeschieber aktivieren. Ich sehe es dem jungen Mann an, dass er Spaß an der Arbeit hat. Im Nu ist ein kleiner Schneehaufen vor unseren Carport geschoben, ausreichend für einen Schneemann, aber Kinder sind nicht in Sicht. Nur Blümchen macht sich mit ihren Ballerina-Schühchen auf den Weg in die Stadt. „Sie müssen doch eine Jacke anziehen, das ist heute viel zu kalt." Sie weiß es besser und läßt sich nicht zum Umkehren überreden.

Fünf Minuten später kehrt sie wieder zurück. Es ist ihr wohl doch zu ungemütlich geworden.

BLICK IN DEN GARTEN (Hitzacker)

Mein Blick schweift nach draußen in den kleinen Garten. Die schwarzweiße Katze schläft wohl noch, sie ist nicht auf der Pirsch. Meisen, Rotkehlchen und die dicken Drosseln sind schneller als die gut gefütterte Katze. Nur ganz hinten sehe ich im Seniorenheim des dritten Stockes eine Lampe brennen. Da tut sich was, die Bewohner haben auch da oben ein Frühstückszimmer.

Ich trinke meinen Morgenkaffee, als das Telefon klingelt. So früh am Morgen, wer wird etwas von uns wollen?

Arturo Castello aus Italien ist am Telefon. Bevor er mir von seinem süffigen Wein vorschwärmt, habe ich schon Nein gesagt und aufgelegt. Er hat sehr gut deutsch gesprochen. Vielleicht hätte ich mich auf ein Gespräch einlassen sollen, aber so ganz trau ich diesen Anrufen nicht. *Betteln und Hausieren* verboten stand an der Haustür des Mietshauses, in dem wir wohnten. Geschäfte wickel ich nicht am Telefon ab, weil ich Angst vor der Abzocke habe.

MANN MIT TIROLERHUT *(Hitzacker)*

Erst gestern sah ich den Herrn am Gehwagen in der Zufahrt. In seinem Korb hatte er eine volle Plastiktüte, aus der ein Flaschenhals herausragte. Der Weg zum Discounter ist nicht weit und auch mit einer Gehbehinderung zu schaffen. Der gut gekleidete Herr, seine weiße Jacke und der Tiroler Hut passen perfekt zum Outfit, zieht ein Fuß schlurfend hinterher.

Heute nun schiebt er von der anderen Seite die Straße hinauf. Im Wagenkorb befindet sich mit Sicherheit ein Stück Kuchen, das erkenne ich am Einwickelpapier. Wie schön, der Bewohner ist beweglich, verwöhnt sich mit eigenen Getränken und einer leckeren Süßigkeit.

RATTE *(Hamburg)*

Wir sitzen nicht nur in der Küche. Es gibt auch ein Wohnzimmer mit einer großen Panoramascheibe, dreifach verglast, um den Fluglärm und den Gestank vom Busbahnhof abzuschirmen. Wer es noch nicht weiß: Mein Göttergatte ist unter die Dekorateure gegangen. Er werkelt und platziert, rückt gerade und gestaltet. So auch den Balkon im Winteroutfit. Kleine schnuggellige Futterhäuschen stehen in direkter Sicht auf dem Gartentisch hinter der Glasscheibe. So können wir die possierlichen Meisen bewundern, denen es sicher egal ist, ob sie aus dem bayrischen oder aus dem friesischen Haus Körner picken. Abends in der Dunkelheit steht auf der Fensterbank der Fernseher, damit die Krimis, Nachrichten und Kabarettsendungen vor unseren Augen flimmern.

Es ist schon spät, als Eva Mattes mit ihrem Bodensee-Krimi ausgestrahlt wird. Erbarmungslos nah wird ihr Gesicht gezeigt, ziemlich mollig, gut gelebt in den letzten siebzig Jahren. Die Nahaufnahme kann so grausam sein. Aber nun kommt Bewegung ans Fenster: Eine dicke fette Ratte bedient sich genüßlich an den Körnern des bayrischen Holzhauses. Da wir schallgedämpfte Scheiben haben, hört sie mein Gekreische nicht und macht sich auch am friesischen Haus zu schaffen. Wir lassen den Hund auf den Balkon, und die Ratte huscht in den Busch und damit eine Etage tiefer.

Eva Mattes Gesicht in Verbindung mit der Ratte lassen mich erschauern und den Fernsehkrimi abbrechen. Mein Gatte meint, das sei Natur, ich solle mich nicht so anstellen. Aber ich kann eher eine Leiche im Film sehen, als die Ratte auf meinem Balkon. Nun sind die Futterhäuschen aufgehängt, wehen im Wind und werden von den kleinen Piepmätzen gern besucht. Den Ratten habe ich den Kammerjäger in die Löcher bestellt. Alles Natur!

ECKHAUS *(Hamburg)*

Eine kleine Sinnierpause gönne ich mir und gucke aus dem Wohnzimmerfenster nach draußen. Reges Treiben herrscht auf dem Busbahnhof, der hinter dem Grundstück beginnt. Die vierspurige Straße dahinter wird von Autos, Bussen und Motorrädern zügig befahren und auch die Rettungsfahrzeuge bahnen sich mit Martinshornansage ihre Trasse, um schnell zum Unfallort oder in das Schnelsener Albertinen Krankenhaus zu gelangen. Ich sehe die Autos flitzen und schaue zum Eckhaus gegenüber. Ja, damals – das war bis zu den achtziger Jahren anders. Große Hintergärten stießen aneinander, als Niendorf noch kein wachsender Stadtteil war. Ein Maschendrahtzaun bildete die Grenzen zwischen der Straße zum Friedhof und der Geschäftsstraße, in der das Landhaus steht, in dem wir unsere Wohnung haben. Die Eigentümer der großen Gärten wurden gebeten, ihre Hintergärten für die Allgemeinheit an die Stadt zu verkaufen. Erst waren es wenige Quadratmeter der Grundstücke, ein paar Jahre später mehr als die Hälfte der Flächen, alles für den wachsenden Stadtteil. Die U-Bahn-Anbindung kam, der Busbahnhof durfte nicht fehlen.

Prachtvolle Bäume, ich erinnere mich an den großen Walnußbaum und die Knubberkirsche, fielen der Kettensäge zum Opfer. Damit war Schluss, über den Zaun des Eckhaus Grundstücks zum Schwarm gelangen, an den Hühnerställen, Komposthaufen und Gemüsebeeten vorbei. Ich erinnere mich an die vielen Besuche bei meiner Freundin. Ja damals, als mein Liebster, mit dem ich über 50 Jahre verheiratet bin, in der Tür des Hauses stand, um uns die Beatle-Musik für eine Party auszuleihen. –

Das Eckhaus der Familie meiner Freundin wurde an ein Ehepaar verkauft, das es mit seiner Sicherheit sehr ernst nimmt. Es ist häufig auf Auslandsreisen und hat sein Anwesen gut abgeschottet. Dennoch wurde der Hausherr am hellichten Tag Opfer eines fiesen Überfalls. Zwei Verbrecher in DHL-Uniformen drängten ihn mit einem Paket ins Haus und verlangten Geld. Man verletzte ihn schwer, er konnte über die Terrasse fliehen. Das Verbrechen ist bislang nicht aufgeklärt. Es sind andere Zeiten! Über die U-Bahn-Anbindung gelangen auch dunkle Gestalten in den einstmals beschaulichen Stadtteil. Zu unserer Sicherheit patrollieren täglich die bürgernahen Polizisten am Haus vorbei.

Das Handy klingelt. Meine Freundin steht am Busbahnhof, winkt mir zu. Wir verabreden uns für den nächsten Morgen im kleinen Café nebenan zum gemütlichen Plausch. Es hat doch Vorteile, so zentral zu wohnen.

DUNKEL *(Hamburg)*

Es ist Winter in Hamburg. Es regnet in Strömen. Wir sitzen trocken in der Küche und gucken den Schirmträgern in der Fußgängerzone zu. Noch haben wir die Küchenlampe über dem Tisch nicht angeschaltet, so dass wir von unserem Gegenüber nicht gesehen werden. Mir sind die Praxisräume über dem Cafe noch nie aufgefallen, aber nun präsentieren sie sich in voller Breite, weil sie hell beleuchtet sind. Ich sehe vier große Räume, drei davon sind Behandlungszimmer mit den mir bekannten herunter zu ziehenden Lampen. Darunter stehen die Zahnarztliegen, zwei davon sind besetzt. Das sehe ich an den wackelnden Zehen bei der ersten, auf der anderen liegt eine dunkle Person ziemlich bewegungslos. Junge schlanke Mädels mit blauen Oberteilen und weißen Hosen wuseln durch die Zimmer. Immer wieder sieht man sie im letzten Raum rechts, das wohl das Labor sein wird. An die Behandlungsliegen treten dann die Ärzte oder Assistenten. Nun wird meiner Neugierde ein Riegel vorgeschoben bzw. die Jalousien heruntergelassen. Ich sehe nur noch Schatten hin- und hergehen. Zeit für mich, Licht anzuschalten und mich um meine Dinge zu kümmern.

Aber nun werde ich auf den dunklen Viertürer aufmerksam, der im Wendehammer bei laufendem Motor hält. Wummernde Discomusik dringt an mein Ohr. Fahrer und Beifahrer haben die Scheiben herunter gedreht und schnippen ihre Asche auf das Pflaster. Weil ich das Küchenfenster auf Kipp gestellt habe, höre ich die kehligen Brüllereien. Das Auto ist so laut, die Musik nicht minder, so dass die Ohren der Männer gut zu tun haben. Ich schließe das Fenster und sehe noch, dass ein sportlicher Mann auf das Auto zustürmt, hinten einsteigt und der Wagen mit aufheulendem Motor – noch bevor die hintere Beifahrertür zugeschlagen wird – die Kurve kriegt und abbraust. Was haben die Freunde so eilig vor?

SCHÖNSTE FRAU *(Hitzacker)*

Bei geöffneter halber Klöntür höre ich sie von weitem die Straße heraufkommen: die schönste junge Frau vom ganzen Osterberg. Sie ist einfach eine Augenweide mit ihrer voll schlanken Figur, immer perfekt gekleidet mit dem engen Bleistiftrock, den hohen Pumps und ihren wunderschönen halblangen, durchgestuften, dunkelbraunen Haaren. Über der Schulter trägt sie die rote Tasche, manchmal hält sie Papiere in der Hand, die sie von der Bank abgeholt haben wird. Ihr Arbeitsplatz ist das Büro der Senioren-Residenz. Mit ihrem verhaltenen Lächeln im Gesicht wird sie sicher auch bei den Bewohnern sehr beliebt sein. Aber die Arbeit muss gemacht werden, da gibt es keine großen Klönpausen. Der ganze Papierkram scheint über ihren Schreibtisch zu gehen. Büroarbeit für die Einwohner, Neuzugänge und schicksalsbedingte Abgänge machen ihren Arbeitsalltag aus. Für die Pflege, Betreuung und Beschäftigung sind andere Damen und auch einige Herren zuständig. Manchmal möchte ich sie schnell abpassen, sie etwas fragen, ihr eine Nachricht zukommen lassen. Dann schreckt sie zusammen, weil sie sich zu sehr auf ihre Tätigkeit konzentriert. Schnellen Schrittes entschwindet sie hinter der Automatiktür, um nicht von ihrer wartenden Arbeit abgehalten zu werden.

Es gibt nicht nur menschliche Neuzugänge, nein, die Mopshündin der Hauswirtschafterin hat drei Welpen im Schlepp. Ich sehe sie durch unsere Verandascheibe hinten am Haus vorbeiflitzen. Dann sind sie auch zu hören, wenn sie ihr Terrain erobern. Die Kleinen bellen drei Töne höher und in schnellen Abständen, während die frische Mutterhündin weniger kläfft. Ab und zu pfeift die Besitzerin die Vierbeiner zurück, wenn die Kleinen den Radius zu weit schlagen. Nun sind sie doch entwischt und vor unser Haus gelaufen. Hemmungslos machen sie meinen im Körbchen vor der Tür angebundenen Hund darauf aufmerksam, dass er ein spießiger Langweiler ist, wenn er nicht mitrennt, mitkläfft und mitbellt. Er kennt eben das andere Ende der Leine und lässt sich nicht aus der Ruhe bringen. Ich stell mir gerade vor, wie sich die Senioren über die Mopskinderstube freuen, es sei denn, die kleinen Vierbeiner bilden unkalkulierbare Hindernisse für die gebrechlichen Bewohner. Aber so einen kleinen Kuschel im Arm zu haben, kann die Lebensgeister wecken.

Inzwischen sehe ich die Mopsbande nicht mehr, dafür hat die große Labradorhündin nun freien Zugang zur Senioren-Residenz. Man ist wieder auf den Hund gekommen.

HAUS GEGENÜBER I *(Hitzacker)*

Das Haus gegenüber, ein Gebäude mit niedrigem, nicht ausgebautem Dach und kleinem Garten drum herum, habe ich zwangsläufig dauernd im Blick. Einst soll es mal das Feuerwehrgerätehaus gewesen sein. Als Kinder haben wir uns so ein Haus aus Legosteinen gebaut. Fenster und Türen in richtigem Abstand, kleine Zimmer für die Kinder und dann auch noch, wie bei diesem Häuschen, einen kleinen Anbau dran. Einfach schnuggelig.

Jetzt in den Wintermonaten sieht der Garten trostlos aus, einheitlich graugrün. Nur die Atomgegnerfahne im leuchtenden Gelb wirkt als Farbtupfer. Am Giebel sieht man den leeren Spatzenkasten. Ich freue mich schon auf die ersten Brutbemühungen der Piepmätze.

Im Laufe unserer letzten 15 Jahre in Hitzacker erleben wir im Nachbarhaus die vierten Mieter. Ein getrennt lebender Familienvater nutzt das Haus als Erholungsdomizil nach anstrengender Arbeit in Hamburg. Am Wochenende kommen seine zwei Kinder zu Besuch. Ab und zu fährt seine Ex mit dem Auto vor, lädt die Kinder, Geigenkasten, Turnbeutel oder Leckereien aus ihrer Küche ab. Bislang nutzte unser Nachbar das Haus für sich allein, setzte sich zum Relaxen bei Wind und Wetter in den überdachten Eingang, um zu schmökern, oder soll ich sagen schmöken? Seine Beine wickelt er in eine Wolldecke, und ich sehe nur die Hälfte meines Nachbarn, wenn der da ist. In regelmäßigen Abständen sitzt er draußen. Mit dem

Smartphone auf den übergeschlagenen Beinen, Zigarette in der Hand, macht er Feierabend. Seine Kinder sind in den drei Jahren richtig groß geworden, die Tochter eine kleine Dame, von der erzählt wird, dass sie ausgezeichnet Geige spielen kann. Beide Kinder sind sehr gesellig und haben oft Freunde zu Besuch, auch wenn die Eltern nicht dabei sind. Man kann sich auf sie verlassen!? Man meint das.

Abends gegen 22 Uhr sehe ich eine Wasserdampfwolke aus der Nische steigen. Als der Filius mich erblickt, verzieht er sich verschreckt ins Haus. Licht aus, Rauch aus, alles aus. Ich bin also die Nachbarhexe in der Abendstunde.

Ein paar Tage später hat sich die große Schwester mit Freundinnen in die Hausnische begeben. Sie lassen sozusagen die Glimmstengel anbrennen und führen feurige Gespräche. Am nächsten Morgen gehe ich auf die Mädchentruppe zu und frage sie indiskret, ob die Eltern davon wüssten, dass sie rauchen? Ja, wissen die. Wissen sie auch, dass der kleine Bruder, nun 14 Jahre alt, die Rauchernische nutzt? Ratlosigkeit! Ich kann mir nicht verkneifen, sie auf die große gelbe Atomkraftgegnerfahne hinzuweisen, die im Garten steht. „Ihr seid Atomkraftgegner und feuert Eure persönlichen Kohlekraftwerke an, wo bleibt die Windkraft?" Dabei stand heute gerade in der Zeitung, dass das Rauchen bei Jugendlichen nicht mehr *in* ist. Ich bin jedenfalls nicht up to date, möchte es aber auf keinen Fall mit den so netten Nachbarn verderben.

VATER UND TÖCHTERCHEN *(Hamburg)*

Morgens nach acht Uhr kommen die meisten Fußgänger von rechts, so auch der Vater mit dem ungefähr vierjährigen Mädchen. Es ist von Kopf bis Fuß in rosa gekleidet, sogar der kleine Rucksack, den der Vater in der rechten Hand hält, passt sich der Farbe an. Sie haben sich für den Gang zum nahegelegenen Kindergarten ein besonderes Ritual ausgedacht. Die roten Ziegel der Fußgängerzone sind in gewissen Abständen durch graue Steinstreifen unterbrochen. Das gibt dem Pflaster eine gewisse Struktur. Es ist allerliebst, was sich da abspielt. Vater und Tochter überwinden die grauen Steinstreifen mit einem gemeinsamen Schlusssprung. Nach jeder übersprungenen Barriere strahlt die Kleine ihren Vater an. „Ich kann das, das macht mit Papa Spass!“ So ist der Gang zum Kindergarten ein positiver Start des Tages.

Ich erinnere mich an meine Kinderzeit mit dem Vater. Auch wir hatten kleine Rituale, die für mich unvergessen sind. Bevor ich nach überstandener Krankheit wieder in die Schule gehen musste, machte mein Vater mit mir einen Ausflug nach Planten und Blomen, nach Hagenbeck oder an die Alster. Ich hatte das von meiner Mutter selbst genähte, hellblaue Smokkleid an. Damals waren die Wege mit zweisteinigen Platten ausgelegt. Wir spielten das Spiel, *nicht auf die Fugen treten* und hatten Spaß auf den kleinen Ausflügen. Meine Kinderhand in der väterlichen Hand zu spüren, gab mir Geborgenheit.

LIEBESKUMMER? *(Hamburg)*

Sie lehnt sich gegen den Metallbügel, der für die Stadträder angebracht worden ist. Schade, man hat die Bank vor unserem Haus entfernt, zugunsten der Terminals und Bügel für die Stadträder. Die befinden sich in der Winterpause, um überholt zu werden. Die junge Frau lässt den Kopf hängen, spricht in ihr Smartphone. Ich kann mir denken, dass sie WhatsApp eingeschaltet hat. Mir kommt es so vor, als ob sie ein Problem lösen muss. Als das Gespräch beendet ist, wirft sie den Kopf nach hinten. Ich sehe die Tränen, die ihr an den Wangen herunterlaufen. Nachdem sie ihr Taschentuch wieder weggesteckt hat, gräbt sie ihre Hände in die Taschen. Ihre ausgestreckten Beine enden in dem Schneehaufen, der an die Bügel geschoben wurde. Nun streicht ihr rechter Fuß kreisend den Schnee platt. Zur Abwechslung kommt auch der linke Fuß dran. Eine kleine Glitsche entsteht. Sie kommt so zur Ruhe, das Schluchzen ist vorbei, sie hat sich geerdet. Man kann scheinbar auch in der quirligen Fußgängerzone zur Ruhe kommen. Ich werde an meine Kümmernisse erinnert. Damals hatte ich das schwarze Telefon mit Schnur zur Verfügung, das wahlweise im Schlafzimmer oder im Wohnzimmer eingestöpselt wurde. Ich musste mich kurz fassen und am besten war es, wenn ich allein war und in das tröstende Kissen weinen konnte.

SCHÜTZENGILDE *(Hitzacker)*

Tschingderassa, Tschingderassa bumm, bumm, bumm ... Nun marschieren sie wieder, meistens zwei Wochen nach Pfingsten. Wir sind im kleinen, aber feinen Hitzacker, und da hält man viel von Traditionen. An erster Stelle ist die Schützengilde zu nennen. Seit 1395 gibt es sie schon im Elbestädtchen. Die Gilde hat sich mit ihrem Zusammenhalt, mit der sozialen Einstellung für die Bürger des Städtchens, Anerkennung und Respekt verschafft. Die Männer sind untereinander gut vernetzt und bilden eine eingeschworene Gemeinschaft. Wie in allen Vereinen lautet die Devise: Man kennt sich, man duzt sich, man hilft sich, man hält zusammen und kann auch dicht halten, wenn es sein muss. Frauen sind noch nicht dabei, haben eher begleitende Funktionen. Die Hauptstraßen sind mit Birkengrün in Blecheimern geschmückt, manche Häuser hissen die grün-weiß-roten Fahnen. Zum Kinder-Schützenfest am Nachmittag sind alle Kinder Hitzackers eingeladen. Gewinne, Bonbons und Freifahrten auf dem Jahrmarkt machen das Mitdabeisein attraktiv. Ein Kinderkönigspaar ist gekrönt worden. Man kann in der Woche verreisen oder mitfeiern. Das ist wie im Kölner Karneval. Mitgehangen, mitgefangen. Der Feierlichkeiten vorangegangen waren die Exerzierabende in unterschiedlichen Kompanien. Der beste Schütze wird zum König erkoren, aber das bleibt zunächst geheim. Am Abend zuvor um 22 Uhr trifft man sich am Festplatz zum großen Zapfenstreich. Die Kapelle hat zu tun, und man kann glücklich sein, wenn der Trompeter einen butterweichen Ansatz hat. Nun, am nächsten Tag ist schönes Wetter vorprogrammiert. Wer wird denn als Schütze in der grünen oder grauen Uniform gern nass? Die verschiedenen Kompanien marschieren aus unterschiedlichen Richtungen. An bestimmten Stationen wird Halt gemacht und sich gestärkt. An der langen Straße stehen die Bürger und warten auf die Truppe, wenn sie am König vorbei muss. Der wird nämlich nach der Aufforderung „Augen rechts und still gestanden," oder so ähnlich, begrüßt. Und im Stechschritt, wie die russischen Soldaten auf dem Roten Platz, wird vorbei marschiert. Es geht auch im normalen Schritttempo, das von der begleitenden Kapelle vorgegeben ist. Man marschiert vom Schützenkönigshaus bis zum Festzelt, dort wird der König proklamiert. Auf dem Weg gibt es kleine Snacks, jede Menge Schnäpse, evetuell auch alkoholfreie Getränke – die aber eher weniger. Erwähnt werden müssen auch die Käseabende und überhaupt die Abende in Männerrunden. Es ist „doll" was los an diesen zwei oder drei Tagen. Vom Küchenfenster aus sehe ich sie zur Seniorenresidenz herauf marschieren. Der Leiter war Schützenkönig und hat die hübsche Flagge gehisst. Die Bewohner warten auf die Kompanien. Nun ist die Musik verstummt, eine knarrende Altmännerstimme gibt den Ton an, und es wird getrunken und gespeist. Weil einige der Herren nicht so gut zu Fuß sind, fährt ein Trecker mit Personenanhänger hinter den Marschierenden. Sie wollen schließlich alle mit, und nicht immer sind sie im hohen Alter geh- und trinkfest. Mit jovialer Geste, der rechte weiße Handschuh wird zum Gruß erhoben, stimmt der angehende König die Hausbewohner und Schaulustigen auf das große Fest ein.

Abends trifft man sich im Festzelt, das auf dem traditionellen Kranplatz, auch Festplatz genannt, an der Flutmauer aufgebaut wurde. Karussells, Buden, Getränke, Fressstände und eine Cart-Bahn bilden dazu die bunte Vielfalt. Wir sind manchmal dabei.

KLETTERGERÜST *(Hamburg)*

Wir haben die Sitzplätze in der Küche getauscht. Damit gewinne ich ganz andere Eindrücke, denn ich gucke nun auf das Spielgerät, das mit der Neugestaltung der Fußgängerzone vor ein paar Jahren ein eindrucksvolles und gut frequentiertes Klettergerüst zeigt. Es ist nach dem Vorbild des Atomiums in Brüssel, Symbol der Weltausstellung 1958, erbaut. Dicke Aluminiumstangen bilden das Gerüst. Innen verbinden schwarze Gummistränge quer und waagerecht die Metallteile. Damit stürzende Kinder sich nicht verletzen, steht das Gebilde auf einer dicken Schaumstoffmatte. Nachmittags ab 16 Uhr sehe ich die meisten Kletterkünstler, vorher sind die Kinder in unseren Einrichtungen oder Schulen besser aufgehoben, so meint man.

Wie die Affen hangeln sie sich von Strebe zu Strebe, von einer Querverbindung zur nächsten. Manchmal nutzen die Begleitmütter die Gelegenheit, schnell in das Bekleidungsgeschäft für die Familie zu schauen, um Klamotten zu erstehen. So ein Kind wächst ja schnell aus allem raus.

Der kleine Dicke in seinem Schneeanzug steht vor dem Gerüst und hat keine Idee, wie er nach oben kommt. Wozu hat er die starke Mutter, die nur den Kinderwagen mit dem Jüngsten abstellen und ausbremsen muss, bis sie den schlaffen Kloß in die Wanten hievt. Ich habe den Filius ein wenig unterschätzt, denn nun fängt er an, den anderen Jungs, die schon oben sind, nachzueifern. Das wäre doch gelacht, wenn er es nicht allein eine Etage höher schaffen könnte!

Sich immer mehr zutrauend, ergreift er behände die Gummiverstrebungen und hangelt sich weiter. Auch das Herabsteigen gelingt ihm. Und als seine Mutter in das Geschäft visavis geht, versucht er noch einmal sein Glück. Tatsächlich schafft er allein den Aufstieg. Nun will er gar nicht nach Hause. Das Gerüst ist seins. Gezeter nützt nichts, irgendwann ist auch mal Schluss.

HAUS GEGENÜBER II *(Hamburg)*

Der erste Schneefall hält die Autos ab, den Wendehammer zu befahren. Nur die nötigsten Fahrten finden statt. Es gibt für die Fußgängerzone den Reinigungsdienst, den Straßenmeister. Schmale Pfade werden frei geschaufelt und abgestreut, so dass auch die Patienten mit den Gehhilfen ihre Termine wahrnehmen können. Zielstrebig sehe ich die wohl gekleidete Seniorin an den Geschäften gegenüber entlang gehen. Sie kreuzt die Seite. Um die Schulter trägt sie eine moderne Handtasche, in der rechten Hand hält sie den obligatorischen Umschlag für die Röntgenaufnahme. Ich dachte schon, dass sie unseren Eingang ansteuert, aber sie geht weiter, es gibt noch mehr Praxen oder auch den U-Bahn Eingang, in dem sie verschwinden kann.

Es ist morgens acht Uhr, als ein junges Paar eiligen Schrittes die Straße betritt. Er trägt den Nachwuchs auf dem Arm. Dick eingemummelt haben sie den Kleinen. Ich kann mir denken, dass die Familie zu der nötigen U4 Untersuchung die Kinderärzte aufsuchen will. Vielleicht nutzen sie danach unsere U-2, unsere beliebte U-Bahn, die uns in 17 Minuten zum Gänsemarkt bringt.

In der Praxis gegenüber ist noch kein Licht. Ein Kieferorthopäde hat vor wenigen Jahren das ganze Haus saniert, nachdem er es von der Erbengemeinschaft abgekauft hatte. Nun führt der neue Eigentümer die Praxis im ersten Stock – über der vermieteten Location und dem

Klamottenladen für die Familie. Früher gab es dort Eisenwaren, mit der Zeit stellte man das Sortiment auf feine Haushaltswaren um. Wir kauften dort gern, bestellten unser Markengeschirr nach, wenn es nicht vorrätig war, und freuten uns über die ausgesuchten Tischdekorationen. Die Besitzer im Rentenalter hatten keine Lust mehr, gegen IKEA, Tchibo und die Discounter anzukämpfen, und die Kinder wagten nicht den Schritt zur Übernahme. Wir vermissen die Vielfalt, sind noch keine Internetkäufer, können aber verstehen, dass mit dem veränderten Kaufverhalten der Kunden Einzelhändler kaum noch eine Chance haben, ein Einzelhandelsgeschäft erfolgreich zu führen.

ÄRZTEHAUS APO *(Hamburg)*

Es hat geschneit, und die Minustemperaturen sind tief im Keller. Gesalzene Pfade wurden von den Schneeräummaschinen für die Fußgänger und Radfahrer präpariert. Wer weicht denn wem aus? Ein schneller elektrischer Rollstuhl macht der vorsichtig auftretenden Dame älteren Jahrgangs Beine. Ob er wohl eine Klingel einsetzt, um den Weg frei zu haben? Sie stapft jedenfalls in den Schnee, bleibt stehen und setzt dann den Fuß wieder in die Spur, um ihren Gang fortzusetzen.

Die Wendeschleife vor unserem Haus war bis vor einer halben Stunde noch jungfräulich weiß, aber nun kurvt ein Auto nach dem anderen bis zu den Abgrenzpfosten, um die Beifahrer aussteigen zu lassen. Einige brauchen Hilfe, halten sich an der geöffneten Tür fest. Aus dem Kofferraum der Taxe wird der Rollator rausgeholt. Ausgeklappt bietet er dem älteren Herren die Stütze, um zum Eingang des Ärztehauses gegenüber zu gelangen. Vor ihm ist auch der Greis aus dem Rettungswagen mit dem Krankenstuhl in den Flur geschoben worden. Die beiden Krankenpfleger müssen den Patienten drei Stufen hoch tragen. Dann steht der Fahrstuhl bereit, um in den 1. Stock zum Urologen oder in den 2. Stock zu den Dermatologen zu gelangen. Für den Rollatorbesitzer fühlt sich eine Dame verantwortlich und trägt das Gestell die Treppen hoch. So wird den Senioren geholfen. Draußen im Wendehammer parkt der Rettungswagen, der Fahrer telefoniert. Dann fährt das Auto davon. Ich trinke meinen Kaffee, räume ein wenig und beobachte dann den nächsten Rettungswagen, der abgestellt wird. Die beiden Sanitäter verschwinden im Haus gegenüber, kommen dann mit dem Greis auf dem Rettungsstuhl zurück. Der Arztbesuch ist beendet.

Hell erleuchtet ist die moderne Apotheke, das große Eckgeschäft im Erdgeschoß des Ärztehauses. Die Automatiktür hat normalerweise gut zu tun, die Kunden herein zu lassen. Aber es trauen sich nur die Rezepteinlöser bei Glatteis aus dem Haus. Der Schnee bremst die Kunden aus. Eine Zufahrt zwischen dem Geschäftsblock und dem Nachbargrundstück mit Herrenhaus und Garten drum herum, trennt die Anwesen voneinander. Man war schlau, das Grundstück der feudalen Villa, auf der anderen Seite der Zuwegung, mit einer Mauer einzufassen. Diese Mauer ist von einem Landschaftsmaler verschönert worden. Kein Graffiti Sprayer wird sich dort verewigen wollen, denn das Bild zeigt den historischen Anblick des Wohnhauses der Besitzer und des danebenstehenden Gebäudes, das als Palmgarten seine Funktion hatte. Zum Überwintern wurden im Oktober die empfindlichen Pflanzen aus dem Botanischen Garten und der Hotels um die Alster evakuiert und im Palmgarten gepflegt. Später zog ein Kino in den Palmgarten, das aber dann auch nicht mehr besucht wurde, als die Fernseher in die Wohnzimmer Einzug hielten.

Die riesige Blutbuche reckt stolz ihre Krone in den Himmel. Sie ist noch kahl, auch die prächtigen Rhododendronbüsche haben wegen der frostigen Temperaturen ihre Blätter eingerollt. Es ist eben noch Winter.

FRÜHER *(Hamburg)*

Mein Blick fällt auf die gegenüberliegende Hausfassade. Aus dem Eingang tritt die Bewohnerin des dritten Stocks heraus. Sie ist mit ihren Schwestern Eigentümerin des Hauses und lebt seit Jahren mit ihrem Mann unter dem Dach in einer komfortablen Wohnung. Wir kennen uns schon seit über 50 Jahren, haben auch mal einen kleinen Plausch bei irgendeinem offiziellen Anlass der Einkaufsmeile gehalten. Ihre Eltern führten die renommierte Schlachterei des Ortes. Zusammen mit ihren Eltern und den Schwestern versorgte sie die Kunden mit den vorzüglichsten Fleisch- und Wurstwaren. Sie stand häufig an der Kasse, der Vater mit einem Käppi auf dem kahlen Kopf in der Fleischtheke. Hinter einem Ohr hatte er den dicken Bleistift für die Preiszettel gesteckt. Es wurde gehackt, getrennt, zugeschnitten, geviertelt, alles, wie es die Kunden haben wollten. Zerteilte Knochen für die Brühe, große Rinderbraten, Schweinshaxen und Innereien wurden zunächst in beschichtetes Pergament-Papier locker eingewickelt, dann mit dem handgeschriebenen Bon in eine rechteckige Schale gelegt und zu der Wurstabteilung weitergeschoben. Plastik gab es damals noch nicht. Die Aufgabe der Töchter oder der anderen weiblichen Angestellten war es nun, die Fleischware durch feine Wurstwaren zu komplettieren. „Darf es noch eine Scheibe mehr sein, vielleicht noch ein bisschen Gelee zum Schweinebraten?“ Zu Zeiten meiner Schwiegereltern ließ man in ein Kundenbuch eintragen und am Ende des Monats wurde abgerechnet. Schade, ich hätte sehr gern dieses Buch noch einmal in Händen gehabt und darüber sinniert, was an Fleischleckereien im Hause der Familie gegessen wurde. In der Nachkriegszeit schlemmte man reichlich. Gicht, Übergewicht, Cholesterin waren kein Thema.

Unser erstes Ehejahr verbrachten wir unter dem Dach des Hauses, in dem wir auch jetzt unsere kleine Stadtwohnung haben. Als wir als frisch vermähltes Ehepaar nach der Hochzeitsnacht aufwachten, traute ich meinen Ohren nicht. Ein Gequieke, ein Geschrei war vom Nachbargebäude gegenüber zu vernehmen. Ja, es war Schlachttag in der Fleischerei, und die Sauen, Ferkel und Eber wurden ihrer Bestimmung zugeführt. Wohin hatte es mich denn aus dem hochherrschaftlichen Hamburg-Harvestehude verschlagen?

Nun, das Kaufverhalten, die Konkurrenz der großen Handelsketten zwangen die Familie, das Geschäft nach Ableben der Alten zu schließen. Zunächst wich die Schlachterei einem Wäschegeschäft, später wurden auch die übrigen Räume an Discounter vermietet. Als das Wäschegeschäft aus Alters- und Gesundheitsgründen schließen musste – den Besitzer hatte man überfallen und böse zugerichtet –, blieb den Erben der Schlachterei keine andere Wahl, als an eine Apothekerin zu vermieten. Damit war auch das Aus der Moritz-Apotheke eingeläutet.

Nun sehe ich die Erbin der Geschäftsleute quer über die Straße gehen. Dabei fällt mir auf, wie schlank sie geworden ist, wie langsam und vorsichtig sie auftritt. Die Spuren der Zeit sind auch an ihr nicht vorüber gegangen. Wir kennen uns mit Namen, grüßen uns, aber zum Austausch unserer Erinnerungen sind wir bislang nicht gekommen. Sie nimmt das Stadtteilmagazin aus dem Briefkasten, verschwindet hinter der Eingangstür, um mit dem Fahrstuhl nach oben zu fahren.

ZWERGE *(Hitzacker)*

In Hitzacker am Zwergenbrunnen steht der Spruch:

Eenst wören de Zwargen der Städt ehr Segen, nu mööt wi Börgers uns sülbens regen.

Einstmals, so geht die Mär, gab es Zwerge im Hitzacker Weinberg, die nachts werkelten. Das waren sicher die fleißigen Heinzelmännchen aus der Kölner Sippe, die es nach Hitzacker verschlagen hat. Sie liehen den Hitzackeranern zu großen Festtagen die Braupfanne aus. Als Dank für ihre Gefälligkeit erhielten sie feine Speisen, Bier und Wein. Dann kam es zu dem großen Unglück! Ein Handwerksbursche labte sich an den feinen Schleckereien, die für die Zwerge bestimmt waren. Er schiss in die leere Braupfanne. Welch ein Skandal! Von nun an waren die Zwerge beleidigt und verschwanden. Es wird erzählt, dass sie sich sogar an die frisch geborenen Babys heran gemacht haben, sie versteckt und verschleppt haben. Das ist doch nicht zu glauben! Um sie auf jeden Fall gut zu stimmen, gibt es seit Jahrzehnten die lebenden Hitzacker Zwerge, lauter gestandene Männer in ihrem besten Alter.

Da kommen die Männer die Straße hoch geschlendert. Die Hitzacker Zwerge sind heute unsere Gäste. Piet hat Geburtstag und bekommt einen Banjo-Zwerg aus Bronze vor den Carport. Eine Künstlerin, Beata Zwolanska-Holold aus Breslau, fertigt die Bronze-Zwerge. Heute wird der 12. Zwerg in Hitzacker eingeweiht.

Die Männer sind die gute Laune-Boten, vertreten das Städtchen Hitzacker auf Messen und Veranstaltungen und sind auf fast allen Festen in Hitzacker zu erleben. Sie sind nicht zu übersehen mit ihren roten Zipfelmützen auf den Köpfen, hellblauen Wamswesten über der Jeans. Unter den zumeist zu gut gefütterten Bäuchen halten Gürtel aus Hanfstricken die Westen zusammen. Im Gepäck haben sie jede Menge Lieder, meistens auf bekannte Schlagermelodien umgedichtet. Der Musikus unter ihnen mit seiner Quetschkommode hat eine kräftige Stimme, und wenn der erst mal anfängt, gibt es kein Halten mehr. Inzwischen sind sie alle in die Jahre gekommen, und da passt es gut, dass wir den Carport für den Feiertisch und die Bänke frei gemacht haben. Etliche von ihnen haben bereits Rücken und freuen sich, dass sie ganz entspannt im Sitzen singen können. Für die Kehlen gibt es Bier, Schnaps und Wein. Damit die Bäuche in Form bleiben, wird noch ein kleiner Snack und Kuchen gereicht. Der Banjo-Zwerg Piet wird gebührend begossen und befeiert, und sogar Piet bekommt die rote Zwergenmütze verpasst. Nach zwei Stunden ist das Fest vorbei, der Banjo-Zwerg hat nun seinen festen Platz auf dem Stein vor dem dicken Balken.

Lautlos sage ich ihm jeden Morgen von meinem Fensterplatz aus: „Guten Morgen".

FRÜHLINGSERWACHEN *(Hitzacker)*

Am strahlendblauen Himmel tut sich was. Vier Störche kreisen über dem Städtchen. Sie schwenken im Gleitflug umeinander herum. Nur gelegentlich verstärken sie die Windkraft mit ihren ausladenden Flügelschlägen. Nun glaube ich das wirklich. Es ist Frühling! Die kleinen Singvögel sind schon seit einigen Tagen dabei, Nistmaterial zu sammeln. Auch der Spatzenkasten am Haus gegenüber wird inspiziert. Aber diese riesigen Vögel – aus dem Mittelmeerraum zurückgekehrt – machen eine Besonderheit aus. Die Hitzacker Störche der letzten Jahre haben alle einen Ring und sogar Namen. Selbst wenn wir unser Fernglas zur Hand hätten, wüssten wir nicht, was es mit der Beringung auf sich hat. Ich spekuliere einfach, dass sich die vier für die Nester im Ort interessieren. Das eine Nest ist neben dem Kirchturm einzugsbereit, das andere befindet sich am Hitzacker See. Erst gestern las ich in der Zeitung, die Autofahrer sollten auf die Krötenwanderung Rücksicht nehmen. Das müssen die Störche gewusst haben, dass der Tisch gedeckt ist.

Nun sind wir an der Reihe, unser altes Nest wieder schön zu machen. Hausputz ist angesagt. Mützen und Handschuhe gehen in die Wollwäsche, Wintermäntel gehören ausgebürstet und die Taschen entleert, damit sie auf dem Dachboden überwintern, oder besser übersommern können. Wie tut es gut, der Frühlingsstimmung Raum zu geben nach dem langen Winter!

FRÜHLINGSBOTEN *(Hamburg)*

Nun sind sie da, die Frühlingsboten. Drei Dompfaffen und zwei Grünfinken hüpfen auf der Balkonbalustrade vor der Panoramascheibe. Wir halten uns gerade im Wohnzimmer auf und setzen uns auf die Couch, um die Pieper zu beobachten. Wie gut, dass wir die Körnersäulen gefüllt haben, und auch die aufgehängten Häuschen bieten Nahrung. Das Dompfaffenweibchen, längst nicht so farbenfroh wie die stolzen Männer, wartet, bis es an der Reihe ist, um sich an den Körnern zu bedienen. Sie kann sich ihren Partner aussuchen, und ich frage mich, nach welchen Kriterien sie vorgeht. Die Prachtburschen sind sich zum Verwechseln ähnlich. Ist der Nistplatz ausschlaggebend? Das Grünfinkenpaar gesellt sich dazu, und es gibt keine Rangelei. Es wird gespeist, getrunken und wieder weggeflattert.

Die Stadtnähe hat sie nicht beeindruckt, dabei kann dieser Standort als Verkehrsknotenpunkt bezeichnet werden. Hinter der Grundstücksmauer trennt ein schmaler Fahrstreifen das Anwesen vom Busbahnhof. Seit einiger Zeit sind die Busse leiser geworden, man hat sie auf Hybrid umgestellt. Nur wenn die Rampen für Rollstühle oder Zwillingskarren abgesenkt werden, gibt es einen lauten Knall. Die wartenden Gäste sind nicht immer leise. Man telefoniert lautstark in allen Sprachen, schreit, pöbelt und gackert. Da ist immer was los. Es kommt auch vor, dass die Einfahrt zum Carport zum Entleeren jeglicher Körperöffnungen genutzt wird. Die Outdoor-Inkontinenten haben den Weg zum nahen WC noch nicht gefunden. Einige Leute kennen auch noch nicht die Aufgabe eines Papierkorbes, zur Freude der Ratte, die sich am Busbahnhof heimisch fühlt. Ich frage mich, warum Nikotiner ihre brennenden Zigaretten achtlos wegwerfen dürfen.

Gerade ist das Flugzeug Richtung Sonne gestartet. Beinah könnte ich den Reisenden zuwinkend einen schönen Urlaub wünschen. Dazu hätte ich alle fünf bis sieben Minuten Gelegenheit. So oft starten die Flieger vor unserer Panoramascheibe. Wenn sich der Wind dreht, kommen sie alle wohlbehalten und frisch gebräunt wieder. Abheben würde ich jetzt auch gern, aber das Rumpeln der U-Bahn, alle fünf Minuten unter mir, erdet mich wieder.

Die Vögel sind verschwunden. Ich vermute, dass unsere gefiederten Freunde ihre Nester in den Büschen und Bäumen der nahegelegenen Friedhöfe bauen. Da haben sie ihre Ruhe. Aber die Drossel nistet gern in den Büschen des Gartens und hat sich gefreut, dass ich ihr den Apfel auf die vom Schnee befreite Balustrade gelegt habe, als vor einigen Tagen der Winter mit reichlicher Schneemenge zurückgekehrt war.

AUTOSCHAU *(Hamburg)*

Merkwürdige Geräusche dringen spät abends an unsere Ohren: Gehämmer, Geklopfe vermischt mit Motorenknattern. Fleißige Helfer bereiten die Autoschau für den Sonnabend vor, die in der ganzen Fußgängerzone stattfinden soll. In schnellem Tempo ist das große Zelt direkt vor dem Haus aufgebaut. Von dem dicken Lastwagen werden Metallkoffer abgeladen, in denen wohl Stereoanlagen transportiert werden. Was einen Tag vorher schon seinen Platz gefunden hat, steht den anrollenden Transportern nicht im Wege. Am nächsten Morgen sind es die Autos der verschiedenen Marken nicht allein, die bestaunt und verkauft werden sollen – nein, das Drumherum ist genauso wichtig. Eine Bühne muss her, damit die ewig junggebliebene Sängerin mit knappem Röckchen und alter Stimme die Automarke anpreisen kann. Das Mikrofon verstärkt machtvoll, wenn sie die bekannten Schlager der 70er Jahre genial umdichtet, damit jeder die Automarke nicht mehr aus den Ohren bekommt. Das nennt man Promotion. Der nächste Autohändler, den ich im Blick habe, begnügt sich mit einem kleinen Zeltbaldachin. Aber der soll erst aufgebaut werden. Ich sehe eine Zeltstange allein, daneben ein schlankes Bein mit Stiletto bekleidet, das sich um die Stütze windet. Mein Göttergatte ist Spezialist für Aufbauzelte, aber ich sage ihm nicht, dass draußen der Notstand ausgebrochen ist. Er ist im Rentenalter und wir nur Zuschauer. Nun kommt der ADAC-Transporter mit Anhänger und hält vor dem Hausportal. Im

Schlepp hat er das gelbe Auto mit dem Überschlagsimulator. Der Fahrer macht sich an der Anhängerkupplung zu schaffen, aber es gelingt ihm nicht, den Simulator vom Ziehfahrzeug zu trennen. Der Kollege guckt sich das an, zu zweit müsste es klappen. Klappt aber nicht. Wie festgewachsen hängt das Gespann aneinander. Nun hat unser Faktotum einen Tipp, gibt der jungen Frau, die für die Fernbedienung zuständig ist, den Rat, sich nicht die Hände schmutzig zu machen, mit Hinweis auf *Rücken*. Inzwischen sind es vier Männer, die sich für die Trennung mit voller Muskelkraft einsetzen. Geschafft! Das Ziehfahrzeug fährt ein paar Meter vor, und nun können die Abenteuerlustigen den Überschlag auskosten. Vorher werden sie mit zwei parallel laufenden Schultergurten festgeschnallt und die Türen geschlossen. Die junge Angestellte hält das Steuerungsgerät in der Hand, tritt einen Schritt beiseite, wie bei einer Röntgenaufnahme, drückt den Knopf und – Schwung –, das war's! Oder auch noch mal, andersherum?

Mit voller Lautstärke werden wir von den Anpreisern beschallt. Wir wissen aber, dass dieser Tag nur einmal im Jahr stattfindet. Er wird abgelöst durch das große Sommerfest am nächsten Wochenende, dann gibt es noch einen Bauernmarkt, ein Oktoberfest und nicht zu vergessen: den großen Weihnachtsmarkt. Seit einigen Jahren organisiert ein Business-Improvement-District die Feste. Hausbesitzer und Geschäftsleute haben sich zusammengeschlossen, um die Attraktivität der Einkaufsmeile zu beleben. Das ist ihnen bestens gelungen, auch wenn uns Bewohnern manchmal die Ohren „dröhnen“ und wir keine Lust auf Fressmeilen haben. Aber, ein bisschen Spaß muss sein, und wo nicht geworben wird, da bleiben die Käufer aus. *Wir sind denn mal weg, nach Hitzacker ins Häuschen.*

NACHWORT ZU MEINEN FENSTERBLICKEN

Der Leser, der sich in meinen Texten wiederfindet, möge sich bitte nicht verunglimpft fühlen. Ich habe nicht vor, jemanden vorzuführen, aber ich bin dankbar für meine Beobachtungen und freue mich, dass die Personen und Situationen meinen Alltag bereichert haben.

Es war mein Anliegen, ein wenig Zufallskomik zu schildern, dann aber auch meine Erfahrungen und Gedanken in Beziehung zu den Beobachtungen zu setzen.

Danke sage ich meinem Verleger Dr. Werner Steinmann und Elsa von Rahden, die die gelungenen Cover meiner Bücher gestaltet.

Danke sage ich allen, denen ich die Zeit gestohlen habe, weil ich immer wieder Hilfe beim Computern brauchte: Meike und Harald, Jens-Moritz, Jörn S.

Danke auch an Piet, der mein Hobby, die Schreiberei, wohlwollend unterstützt.